CHATGPT PROMPTS FÜR EINSTEIGER

VON D. SCHWITTEK

IMPRESSUM: VERANTWORTLICH FÜR DEN INHALT DIESES BUCHES GEMÄß § 5 TMG:
JAN FIEDLER HACKLÄNDERSTR. 23 50825 KÖLN
KONTAKT: E-MAIL: JFIEDLERWORDSMITH@GMAIL.COM

Inhalt

Kapitel 1

Eine neue Ära der Kommunikation

Hast du dir jemals gewünscht, einen eigenen digitalen Assistenten zu haben, der dir bei all deinen Fragen, Ideen und Herausforderungen zur Seite steht? Einen intelligenten Begleiter, der dir nicht nur Informationen liefert, sondern auch einfallsreich und kreativ ist? Nun, dann bist du hier genau richtig!

Chat GPT ist mehr als nur ein einfacher Chatbot. Es ist ein digitaler Begleiter, der in der Lage ist, komplexe Fragen zu beantworten, Ideen zu generieren und sogar kreative Texte zu verfassen. Egal, ob du Hilfe bei der Recherche benötigst, Schreibblockaden überwinden möchtest oder einfach nur jemanden brauchst, mit dem du dich unterhalten kannst – Ab sofort gibt es eine Lösung.

Als ich anfing, Chat GPT zu nutzen, war ich beeindruckt von der Fähigkeit, auf Anfragen einzugehen und maßgeschneiderte Antworten zu liefern. Aber was mich wirklich begeisterte, war die kreative Ader des Modells. Es schien, als ob Chat GPT meine Gedanken lesen und meine Ideen weiterentwickeln könnte. Es half mir, meine Schreibblockaden zu überwinden und neue inspirierende Wege zu entdecken.

In diesem Buch möchte ich meine Erfahrungen und Erkenntnisse mit dir teilen und dich in die faszinierende Welt von Chat GPT einführen. Als Einsteiger wirst du Schritt für Schritt lernen, wie du das volle Potenzial dieses digitalen Assistenten nutzen kannst, um deine Kreativität zu entfalten, bessere Antworten zu erhalten und in verschiedenen Bereichen von seinem Wissen zu profitieren.

Du wirst erstaunt sein, wie einfach es ist, mit Chat GPT zu interagieren. Egal, ob du Fragen zu einem bestimmten Thema hast, Ideen für kreative Projekte suchst oder einfach nur neugierig bist - Chat GPT steht dir jederzeit zur Verfügung. Du wirst lernen, wie du optimierte Prompts erstellst, um genau die Antworten zu erhalten, die du suchst, und wie du die Antwortqualität weiter verbessern kannst.

Aber es geht nicht nur darum, wie du von Chat GPT profitieren kannst - es geht auch darum, wie du verantwortungsvoll mit dieser Technologie umgehst. In diesem Buch werde ich auch auf die Chancen und Herausforderungen eingehen, die mit der Nutzung von Chat GPT verbunden sind. Wir werden darüber sprechen, wie du die Ergebnisse interpretierst und wie du sicherstellst, dass du ethische und verantwortungsvolle Entscheidungen triffst.

Ich bin mir sicher, dass du genauso begeistert sein wirst wie ich. Es ist ein Tool, das jedem zugänglich ist und dir dabei hilft, neue Horizonte zu entdecken. Ganz gleich, ob du Autor*in, Student*in, Unternehmer*in oder einfach nur neugierig bist – Die KI kann dich jetzt auf deiner Reise begleiten, dich unterstützen und inspirieren.

Bereite dich darauf vor, die Kraft der Künstlichen Intelligenz zu erleben und die Grenzen deiner Kreativität zu erweitern. Tauche ein in die Welt von Chat GPT und entdecke, wie dieser digitale Personal Assistant dein Leben bereichern kann.

Lass uns gemeinsam die Türen zur Innovation öffnen und die Möglichkeiten der Künstlichen Intelligenz erkunden. Ich freue mich darauf, dich auf dieser aufregenden Reise zu begleiten!

Kapitel 2

2.1: Einführung in das Konzept ChatGPT

In diesem Kapitel werden wir das Konzept von ChatGPT genauer betrachten und dir helfen, ein grundlegendes Verständnis für diese spannende KI-Technologie zu entwickeln.

ChatGPT ist ein beeindruckendes Textmodell, das auf der Transformer-Architektur basiert und mit großen Mengen an Textdaten trainiert wurde. Es wurde entwickelt, um auf Eingabeaufforderungen zu reagieren und menschenähnliche Texte zu generieren. Das bedeutet, dass du mit der KI in eine Art Konversation treten kannst, bei der du Eingabeaufforderungen gibst und auf Grundlage dieser Aufforderungen Texte generiert werden.

Was dieses von anderen KI-Modellen unterscheidet, ist seine Fähigkeit, kontextbezogene Antworten zu liefern. Es kann lernen, den Kontext der vorherigen Interaktionen zu berücksichtigen und die generierten Texte entsprechend anzupassen. Dies ermöglicht fließende und zusammenhängende Konversationen mit dem Modell.

Um das Ganze zu verstehen, ist es hilfreich, sich die zugrunde liegende Technologie anzusehen: die Transformer-Architektur. Die Transformer-Architektur ist ein neuronales Netzwerk, das speziell für die Verarbeitung von Text entwickelt wurde. Es besteht aus mehreren Schichten von Aufmerksamkeitsmechanismen, die es dem Modell ermöglichen, auf relevante Informationen zu fokussieren und Beziehungen zwischen den Wörtern im Text herzustellen.

Ein entscheidender Aspekt ist das Training mit großen Textdatensätzen. Durch die Exposition gegenüber einer Vielzahl von Texten kann das Modell Muster und Zusammenhänge in der Sprache erkennen und diese Muster dann nutzen, um Texte zu generieren.

Beim Einsatz von ChatGPT ist es entscheidend, effektive Eingabeaufforderungen zu formulieren. Eine Eingabeaufforderung ist der Text, den du eingibst, um eine gewünschte Antwort zu erhalten. Eine klare und präzise Eingabeaufforderung ist wichtig, um die gewünschten Ergebnisse zu erzielen. Wir werden uns in Kapitel 3 - 5 ausführlich mit der Erstellung effektiver Prompts beschäftigen.

Es ist wichtig zu beachten, dass ChatGPT-Prompts in vielen verschiedenen Anwendungsbereichen nützlich sein können. Von kreativen Schreibübungen über informative Textgenerierung bis hin zur Unterstützung bei der Recherche bietet ChatGPT eine breite Palette von Möglichkeiten. Du kannst mit ChatGPT experimentieren und verschiedene Textstile, Themen oder Genres erkunden.

Bei aller Begeisterung für ChatGPT ist es aber auch wichtig, sich der Grenzen bewusst zu sein. ChatGPT kann unter bestimmten Umständen ungenaue oder irrelevante Antworten liefern. Es ist keine menschliche Intelligenz und kann die Komplexität mancher Fragen oder Anfragen möglicherweise noch nicht vollständig erfassen. Es ist wichtig, diese Einschränkungen zu berücksichtigen und die generierten Texte kritisch zu prüfen.

In den kommenden Kapiteln werden wir tiefer in die praktische Anwendung von ChatGPT eintauchen. Du wirst lernen, wie du effektive Prompts erstellst, den Stil und die Tonalität deiner Texte anpasst und verschiedene Techniken anwendest, um die besten Ergebnisse zu erzielen.

2.2: Funktionsweise und Einsatzmöglichkeiten von ChatGPT

In diesem Kapitel werden wir uns genauer mit der Funktionsweise befassen und die vielfältigen Einsatzmöglichkeiten dieses leistungsstarken KI-Modells erkunden.

ChatGPT basiert auf der Transformer-Architektur, einem fortschrittlichen neuronalen Netzwerk, das speziell für die Verarbeitung von Text entwickelt wurde. Die Transformer-Architektur besteht aus mehreren Schichten von Aufmerksamkeitsmechanismen, die es dem Modell ermöglichen, auf relevante Informationen zu fokussieren und Beziehungen zwischen den Wörtern im Text herzustellen.

Die Funktionsweise beruht auf einem Trainingsprozess, bei dem das Modell mit großen Mengen an Textdaten trainiert wird. Dabei lernt es, Muster und Zusammenhänge in der Sprache zu erkennen und Texte auf Grundlage dieser Muster zu generieren. Es ist wichtig anzumerken, dass ChatGPT über kein tatsächliches Verständnis von Bedeutung oder Wissen verfügt, sondern vielmehr auf statistischen Mustern basiert.

Wenn du mit ChatGPT interagierst, gibst du dem Modell eine Eingabeaufforderung, auf die es reagiert. Die Qualität der generierten Antwort hängt von der Klarheit und Präzision der Eingabeaufforderung ab. Eine gut formulierte Eingabeaufforderung enthält spezifische Informationen, um das gewünschte Ergebnis zu erzielen. Wir werden in Kapitel 3 genauer auf die Erstellung effektiver Prompts eingehen.

Die Einsatzmöglichkeiten von ChatGPT sind vielfältig und reichen von kreativen Schreibprojekten bis hin zu informativen

Textgenerierungen. Hier sind einige Beispiele, wie ChatGPT eingesetzt werden kann:

1. Kreative Schreibprojekte: Nutze ChatGPT, um neue Ideen zu generieren, Charaktere zu entwickeln oder spannende Handlungsstränge zu entwerfen. ChatGPT kann eine wertvolle Inspirationsquelle für Schriftsteller und Künstler sein.

2. Textbearbeitung und Verbesserung: Verwende ChatGPT, um deine Texte zu überarbeiten und stilistische Verbesserungen vorzunehmen. Das Modell kann Vorschläge zur Umformulierung von Sätzen oder zur Anpassung des Tons liefern.

3. Informative Textgenerierung: ChatGPT kann als Hilfsmittel für die Erstellung von informativen Texten wie Anleitungen, Produktbeschreibungen oder Blogbeiträgen dienen. Gib einfach die relevanten Informationen in die Eingabeaufforderung ein, und das Modell generiert den Text entsprechend.

4. Rechercheunterstützung: ChatGPT kann auch als Recherchetool dienen, um schnell Informationen zu bestimmten Themen zu erhalten. Du kannst Fragen stellen oder nach spezifischen Fakten suchen und ChatGPT liefert dir relevante Informationen.

Es ist jedoch wichtig zu beachten, dass ChatGPT auch seine Grenzen hat. In einigen Fällen kann es ungenaue oder irrelevante Antworten liefern. Es ist ratsam, die generierten Texte kritisch zu prüfen und gegebenenfalls weitere Recherchen durchzuführen.

In den kommenden Kapiteln werden wir uns tiefer mit der praktischen Anwendung von ChatGPT befassen. Du wirst lernen, wie du die Ergebnisse verbessern kannst, den Stil der Texte anpasst und weitere Techniken zur Optimierung der Interaktion mit ChatGPT anwendest.

2.3: Bewährte Strategien für die Nutzung von ChatGPT

In folgende Kapitel werden wir bewährte Strategien und Tipps für die effektive Nutzung von ChatGPT kennenlernen. Mit diesen Ansätzen kannst du das volle Potenzial von ChatGPT ausschöpfen und qualitativ hochwertige Ergebnisse erzielen.

1. **Klare und präzise Eingabeaufforderungen**: Eine gut formulierte Eingabeaufforderung ist entscheidend, um die gewünschten Ergebnisse von ChatGPT zu erhalten. Stelle sicher, dass deine Frage oder Anweisung klar und präzise ist. Vermeide vage oder mehrdeutige Formulierungen, um Missverständnisse zu vermeiden. Je genauer du deine Anforderungen angibst, desto besser kann ChatGPT darauf reagieren und relevante Antworten generieren.

2. **Kontext hinzufügen:** Um genauere und relevantere Antworten zu erhalten, kannst du dem Modell kontextuelle Informationen geben. Wenn du ChatGPT beispielsweise eine Frage stellst, kannst du zuvor relevante Hintergrundinformationen bereitstellen, um den Kontext zu klären. Dies hilft dem Modell, die Frage besser zu verstehen und präzisere Antworten zu generieren. Indem du dem Modell den notwendigen Hintergrund gibst, kannst du sicherstellen, dass die generierten Texte besser auf deine spezifischen Bedürfnisse eingehen.

3. **Experimentiere mit verschiedenen Eingabeaufforderungen**: ChatGPT ist äußerst flexibel und kann in verschiedenen Anwendungsbereichen eingesetzt werden. Experimentiere mit verschiedenen Arten von Eingabeaufforderungen, um zu sehen, welche Art von Texten das Modell am besten generiert. Versuche offene Fragen, Anweisungen oder sogar kreative Anfragen, um die Vielseitigkeit von ChatGPT zu erkunden. Indem du verschiedene

Ansätze ausprobierst, kannst du die Funktionsweise des Modells besser verstehen und deine Ergebnisse verbessern.

4. **Überprüfe und überarbeite die generierten Texte**: Obwohl ChatGPT beeindruckende Texte generiert, ist es wichtig, die Ergebnisse zu überprüfen und gegebenenfalls anzupassen. Lies die generierten Texte gründlich durch, um mögliche Unstimmigkeiten, Fehler oder stilistische Anpassungen zu identifizieren. Du kannst die Texte manuell überarbeiten, um sie an deine Bedürfnisse anzupassen, oder das Modell erneut mit spezifischeren Anweisungen füttern, um bessere Ergebnisse zu erzielen. Die Überarbeitung der Texte stellt sicher, dass sie deinen Anforderungen entsprechen und eine hohe Qualität aufweisen.

5. **Lerne von anderen Nutzern**: ChatGPT wird von einer breiten Community genutzt, und es gibt viele Ressourcen, in denen Nutzer ihre Erfahrungen und bewährten Strategien teilen. Schaue dir Foren, Diskussionsgruppen oder Online-Tutorials an, um von den Erkenntnissen anderer Anwender zu profitieren. Du kannst von ihren Erfahrungen lernen, neue Ansätze entdecken und wertvolle Tipps erhalten, die deine Interaktionen mit ChatGPT verbessern.

Indem du diese bewährten Strategien anwendest, wirst du in der Lage sein, das volle Potenzial von ChatGPT auszuschöpfen und beeindruckende Texte zu generieren. Sei jedoch immer bewusst, dass ChatGPT ein Werkzeug ist, das von dir geleitet wird. Du bist derjenige, der die Kontrolle über den Einsatz und die Verwendung hat. Nutze ChatGPT als unterstützendes Instrument, um deine Kreativität, dein Wissen und deine Fähigkeiten zu erweitern.

In Kapitel 3 werden wir uns auf spezifische Anwendungsfälle konzentrieren und dir zeigen, wie du ChatGPT in verschiedenen Bereichen wie Content-Erstellung, Storytelling und mehr einsetzen kannst. Sei gespannt auf weitere spannende Einblicke und praktische Anleitungen, um deine ChatGPT-Erfahrung auf die nächste Stufe zu heben.

Kapitel 3

3.1: Erklärung des Begriffs "Prompt" und dessen Bedeutung

Ersteinmal werden wir den Begriff "Prompt" genauer erklären und seine Bedeutung im Zusammenhang mit ChatGPT verstehen. Als Einsteiger ist es wichtig, das Konzept des Prompts zu verstehen, da es die Grundlage für die Interaktion mit ChatGPT bildet.

Der Begriff "Prompt" bezieht sich auf den Text oder die Anweisung, die du an ChatGPT gibst, um eine Antwort oder einen Text zu generieren. Es ist der Ausgangspunkt für die Kommunikation mit der KI und legt den Rahmen fest, innerhalb dessen das Modell arbeitet. Die Qualität des Prompts und wie gut es formuliert ist, hat einen direkten Einfluss auf die Ergebnisse, die ChatGPT produziert.

Ein gut formulierter Prompt ist klar, präzise und gibt genügend Informationen, damit ChatGPT die gewünschten Ergebnisse liefern kann. Es ist wichtig, die Anweisungen so zu formulieren, dass sie dem Modell die nötige Kontextualisierung bieten, um präzise und relevante Antworten zu generieren. Das bedeutet, dass du spezifische Fragen stellen oder klare Anweisungen geben solltest, um das gewünschte Ergebnis zu erhalten.

Bei der Formulierung eines Prompts kannst du auch mit verschiedenen Strategien experimentieren. Einige Nutzer finden es hilfreich, dem Modell Beispiele zu geben, um die gewünschte Art von Antwort zu verdeutlichen. Du könntest zum Beispiel ein Beispiel einer idealen Antwort angeben und ChatGPT auffordern, etwas Ähnliches zu generieren. Anderen Nutzern gefällt es, mehrere

Fragen in einem Prompt zu stellen, um verschiedene Aspekte eines Themas abzudecken.

Es ist wichtig zu beachten, dass ChatGPT ein Sprachmodell ist und auf das reagiert, was ihm vorgegeben wird. Es kann keine eigenen Fragen stellen oder den Kontext außerhalb des Prompts verstehen. Daher liegt es an dir als Nutzer, das Modell mit klaren und informativen Prompts zu führen.

Es ist wichtig, dass du dich beim Umgang mit ChatGPT immer bewusst bist, dass es sich um ein Werkzeug handelt, das von dir geführt wird. Du bist derjenige, der die Kontrolle hat und die Verantwortung trägt, die generierten Texte zu überprüfen und anzupassen, wenn nötig.

3.2: Optimierung der Prompts für bessere Ergebnisse

In Kapitel 3.1 haben wir die Bedeutung und den Einfluss von Prompts bei der Nutzung von ChatGPT besprochen. In diesem Kapitel werden wir uns darauf konzentrieren, wie du deine Prompts optimieren kannst, um bessere und präzisere Ergebnisse von ChatGPT zu erhalten.

Die Optimierung deiner Prompts ist entscheidend, um die gewünschten Informationen und Antworten von ChatGPT zu erhalten. Hier sind einige bewährte Strategien, die dir dabei helfen können:

1. Klare und präzise Fragen stellen: Formuliere deine Fragen so klar und präzise wie möglich. Vermeide unnötige Komplexität und halte deine Fragen auf den Punkt. Je klarer deine Fragestellung ist, desto besser kann ChatGPT darauf eingehen und relevante Antworten generieren.

Beispiel: Schlecht: „Kannst du mir Informationen über den Weltraum geben?" Gut: „Was sind die grundlegenden Merkmale des Weltraums?"

2. Kontext und Hintergrundinformationen bereitstellen: Gib ChatGPT genügend Informationen, um den Kontext deiner Frage zu verstehen. Dies hilft dem Modell, präzisere und relevantere Antworten zu generieren. Teile spezifische Details, relevante Fakten oder Beispiele mit.

Beispiel:

Schlecht: „Was sind die besten Restaurants in der Stadt?" Gut: „Kannst du mir empfehlenswerte Restaurants in Paris nennen? Ich suche nach Optionen mit guter französischer Küche."

3. Spezifische Anweisungen geben: Wenn du bestimmte Informationen oder Textstrukturen benötigst, gib klare Anweisungen in deinem Prompt. Du kannst ChatGPT beispielsweise bitten, eine Meinung zu einem Thema zu äußern oder eine Liste von Vorteilen und Nachteilen zu generieren.

Beispiel:

Schlecht: „Was denkst du über Klimawandel?" Gut: „Bitte gib mir eine Meinung zum Klimawandel und erläutere sowohl die Herausforderungen als auch die möglichen Lösungen."

4. **Beispiele verwenden:** Gib dem Modell konkrete Beispiele, um zu verdeutlichen, was du von ihm erwartest. Du kannst Textausschnitte, Sätze oder Formatierungen bereitstellen, um ChatGPT zu zeigen, wie der gewünschte Text aussehen soll.

Beispiel:

Schlecht: „Kannst du mir ein Gedicht über Liebe schreiben?" Gut: "Bitte verfasse ein kurzes Gedicht über Liebe im Stil von Haiku."

5. Stelle aufeinander aufbauende Fragen: Wenn du besonders detaillierte Informationen haben willst, stelle die Fragen nacheinander.

Beispiel:

Schlecht: „Schreibe mir alle Informationen auf die du zu Thema XY weißt“ Gut: „In welche relevanten Themenbereiche würdest du Thema XY unterteilen?“ und darauf aufbauend „Erzähle mehr zu Punkt XY“.

6. Experimentiere mit verschiedenen Formulierungen: Wenn du nicht die gewünschten Ergebnisse erhältst, probiere verschiedene Formulierungen aus und iteriere deinen Prompt. Du kannst den Kontext ändern, zusätzliche Informationen hinzufügen oder die Fragestellung anpassen, um bessere Ergebnisse zu erzielen.

Beispiel:

Schlecht: "Wie wird das Wetter in New York sein?" Gut: "Kannst du mir eine Wettervorhersage für die nächsten drei Tage in New York geben?"

Hier sind einige weitere Beispiele für optimierte Prompts in verschiedenen Szenarien:

Frage zur Geschichte: "Kannst du mir die wichtigsten Ereignisse des Zweiten Weltkriegs nennen und erklären?"

Kreativaufgabe: "Bitte verfasse einen kurzen fiktiven Dialog zwischen einem Detektiv und einem Verdächtigen."

Technische Frage: "Wie funktioniert die Blockchain-Technologie und welche Vorteile bietet sie?"

Reiseempfehlung: "Kannst du mir einige Geheimtipps für einen Besuch in Barcelona geben? Ich interessiere mich besonders für lokale Restaurants und Sehenswürdigkeiten."

Durch die Anwendung dieser Optimierungsstrategien kannst du die Qualität und Relevanz der Antworten von ChatGPT erheblich verbessern. Denke daran, dass es manchmal erforderlich sein kann, verschiedene Ansätze auszuprobieren und den Prompt zu iterieren, um die gewünschten Ergebnisse zu erzielen.

Denke daran, dass es wichtig ist, geduldig zu sein und verschiedene Ansätze auszuprobieren, um den gewünschten Output zu erhalten. Mit der Zeit wirst du ein Gespür dafür entwickeln, wie du deine Prompts optimieren kannst, um die bestmöglichen Ergebnisse zu erzielen.

3.3: Anpassung und Verfeinerung der generierten Texte

Nachdem wir uns in den vorherigen Kapiteln mit der Funktionsweise von ChatGPT und der Erstellung effektiver Prompts beschäftigt haben, ist es nun an der Zeit, uns auf die Anpassung und Verfeinerung der generierten Texte zu konzentrieren. Obwohl ChatGPT beeindruckende Ergebnisse liefert, ist es wichtig zu beachten, dass die generierten Texte nicht immer perfekt sind. In diesem Kapitel werden wir verschiedene Techniken und Strategien diskutieren, um die Ausgabe von ChatGPT zu optimieren und sie an unsere Bedürfnisse anzupassen.

1. **Lesen und Überprüfen**: Lies die generierten Texte sorgfältig durch und überprüfe sie auf Verständlichkeit und Relevanz. Beachte, dass ChatGPT auf vorhandenen Daten trainiert wurde und manchmal auch ungenaue oder falsche Informationen generieren kann. Es liegt in deiner Verantwortung als Nutzer, die generierten Texte kritisch zu bewerten.

2. **Kontext hinzufügen**: Wenn die generierten Texte nicht genau genug auf deine Frage oder dein Anliegen eingehen, kannst du zusätzlichen Kontext hinzufügen, um ChatGPT zu helfen, die gewünschten Informationen besser zu verstehen. Gib klare Anweisungen oder Beispiele, um den Kontext zu verdeutlichen und genauere Antworten zu erhalten.

3. **Iteratives Vorgehen**: Es ist oft notwendig, den Prompt zu iterieren und mehrere Durchläufe mit ChatGPT durchzuführen, um die gewünschten Ergebnisse zu erzielen. Du kannst den Prompt schrittweise anpassen, zusätzliche Informationen hinzufügen oder die Fragestellung verfeinern, um eine bessere Ausgabe zu erhalten.

4. **Verwendung von Systemnachrichten**: ChatGPT reagiert nicht nur auf Prompts, sondern auch auf Systemnachrichten. Du kannst Systemnachrichten verwenden, um dem Modell weiteren Kontext oder Anweisungen zu geben. Diese Nachrichten können Informationen über die gewünschte Tonalität, den Stil oder die Formatierung enthalten.

Beispiel:

Nutzer: "Wie ist das Wetter heute?" System: "Hier ist die aktuelle Wettervorhersage für deinen Standort:"

5. **Feinabstimmung der Antwortlänge**: Du kannst die Länge der generierten Texte beeinflussen, indem du die Anzahl der Tokens im Prompt und den Systemnachrichten anpasst. Experimentiere mit verschiedenen Längen, um die gewünschte Kürze oder Ausführlichkeit zu erreichen.

6. **Bewertung der Textqualität**: Du kannst die generierten Texte bewerten und beurteilen, ob sie deinen Erwartungen entsprechen. Achte auf Klarheit, Kohärenz, Grammatik und Relevanz. Bei Bedarf kannst du den Prompt weiter anpassen, um eine bessere Qualität zu erzielen.

7. **Verwendung von Textformatierung**: Du kannst ChatGPT auch durch die Verwendung von speziellen Formatierungen oder Anweisungen dazu bringen, bestimmte Textstrukturen zu generieren. Nutze beispielsweise Aufzählungszeichen, fettgedruckte Überschriften oder Absätze, um den gewünschten Textstil zu erzielen.

Beispiel:

Nutzer: "Kannst du mir ein Rezept für einen Schokoladenkuchen geben?" System: "Sicher! Hier ist ein leckeres Rezept für einen Schokoladenkuchen:"

Abschließend ist es wichtig zu betonen, dass ChatGPT ein Werkzeug ist, das von dir gesteuert werden sollte. Du bist für die Überprüfung, Anpassung und Verfeinerung der generierten Texte verantwortlich, um sicherzustellen, dass sie deinen Anforderungen entsprechen. Mit etwas Übung und Geduld wirst du lernen, wie du die Ausgabe von ChatGPT optimieren und an deine Bedürfnisse anpassen kannst.

3.4: Weiterführende Tipps für das Erstellen von effektiven Prompts

In den vorherigen Kapiteln haben wir bereits grundlegende Tipps zur Erstellung von Prompts behandelt. In diesem Kapitel werden wir noch weiter in die Details gehen und fortgeschrittene Techniken und Strategien für die Erstellung effektiver Prompts mit ChatGPT erkunden. Diese zusätzlichen Tipps werden dir helfen, noch präzisere und qualitativ hochwertige Antworten zu erhalten.

1. **Spezifische Fragestellungen**: Stelle klare und spezifische Fragen, um genau die Informationen zu erhalten, die du benötigst. Vermeide vage Formulierungen, die zu allgemeinen Antworten führen könnten. Je präziser deine Frage, desto präziser die Antwort.

Beispiel:

Nutzer: "Wie kann ich meinen Garten am besten pflegen?" Besser: "Welche spezifischen Schritte sollte ich unternehmen, um meinen Garten im Frühling auf die Pflanzsaison vorzubereiten?"

2. **Zusätzliche Informationen**: Wenn du erwartest, dass ChatGPT auf bestimmte Informationen oder Fakten reagiert, kannst du diese im Prompt bereitstellen. Verwende dabei klare und präzise Hinweise, um ChatGPT zu unterstützen.

Beispiel:

Nutzer: "Erzähle mir etwas über die Stadt Paris."
Prompt: "Paris ist die Hauptstadt von Frankreich und bekannt für seine berühmten Sehenswürdigkeiten wie den Eiffelturm, die Notre-Dame und den Louvre. Erzähle mir mehr über die architektonische Bedeutung dieser Sehenswürdigkeiten und ihre kulturelle Relevanz für die Stadt."

3. **Beispiele und Szenarien:** Gib ChatGPT konkrete Beispiele oder Szenarien, um präzise Antworten zu erhalten. Verwende dabei detaillierte Beschreibungen und spezifische Anforderungen.

Beispiel:

Nutzer: "Kannst du mir ein Beispiel für ein effektives Verkaufsgespräch geben?"
Prompt: "Stelle dir vor, du bist ein Verkäufer, der ein neues Produkt präsentiert. Beschreibe das ideale Verkaufsgespräch, inklusive Eröffnung, Nutzenargumentation und Abschluss, um den potenziellen Kunden zu überzeugen."

Kapitel 4:

In den vorherigen Kapiteln haben wir uns intensiv mit der Funktionsweise und Optimierung von ChatGPT beschäftigt. Nun ist es an der Zeit, die vielfältigen Anwendungsbereiche und praktischen Anwendungen von ChatGPT zu erkunden. In diesem Kapitel werden wir einige inspirierende Beispiele diskutieren, wie du ChatGPT in verschiedenen Bereichen einsetzen kannst, um dein Wissen zu erweitern, kreative Projekte umzusetzen und deine Produktivität zu steigern.

1. **Wissens- und Informationsaustausch**: ChatGPT kann als mächtiges Werkzeug dienen, um Informationen aus verschiedenen Quellen zusammenzufassen und zu präsentieren. Es kann dabei helfen, komplexe Themen verständlich zu erklären und Wissen leicht zugänglich zu machen. Du kannst ChatGPT nutzen, um Fachartikel, Erklärungen, Anleitungen oder sogar Lernmaterialien zu generieren.

Beispielanwendung:

- Erstelle automatisch Zusammenfassungen von wissenschaftlichen Artikeln oder Forschungspapieren.
- Generiere leicht verständliche Erklärungen zu komplexen Konzepten oder technischen Themen.
- Entwickle automatisierte Lernmaterialien, die den individuellen Bedürfnissen der Lernenden angepasst sind.

2. **Kreatives Schreiben und Storytelling**: ChatGPT kann eine wertvolle Ressource für Autoren, Schriftsteller und Kreative sein. Es kann als Ideenquelle dienen, Charaktere entwickeln, Dialoge erstellen und bei der Überwindung von Schreibblockaden helfen. ChatGPT kann auch bei der Generierung von Inhalten für Blogs, soziale Medien oder Marketingmaterialien unterstützen.

Beispielanwendung:

• Generiere kreative Schreibprompts und Ideen für Geschichten oder Drehbücher.

• Entwickle lebhafte und authentische Charaktere für deine literarischen Werke.

• Erstelle Dialoge oder Gespräche zwischen Charakteren, um die Handlung voranzutreiben.

3. **Sprachübersetzung und Kommunikation**: ChatGPT kann auch bei der Übersetzung von Texten und bei der Kommunikation in verschiedenen Sprachen hilfreich sein. Es kann Texte in Echtzeit übersetzen, Sprachbarrieren überwinden und die Kommunikation zwischen verschiedenen Sprachgemeinschaften erleichtern.

Beispielanwendung:

• Übersetze Texte oder Dokumente in verschiedene Sprachen.

• Erstelle automatisierte Übersetzungstools oder Sprachassistenten.

• Unterstütze die Kommunikation in Echtzeit zwischen Personen, die unterschiedliche Sprachen sprechen.

4. **Kundeninteraktion und Support**: ChatGPT kann in Kundensupport und Interaktionsbereichen eingesetzt werden, um automatisierte Antworten auf häufig gestellte Fragen zu generieren.

Es kann auch bei der Personalisierung des Kundenerlebnisses helfen und Benutzeranfragen effizient bearbeiten.

Beispielanwendung:

- Erstelle einen automatisierten Chatbot, der Kundenanfragen beantwortet und Problemlösungen bietet.

- Unterstütze den Kundensupport durch die Generierung von Lösungsvorschlägen für spezifische Probleme.

- Personalisiere die Interaktion mit Kunden durch die Anpassung von Antworten an individuelle Bedürfnisse.

5. **Wissenschaftliche Forschung und Experimente**: ChatGPT kann in der wissenschaftlichen Forschung eingesetzt werden, um Hypothesen zu generieren, Simulationen durchzuführen oder komplexe Berechnungen durchzuführen. Es kann auch bei der Datenanalyse und -interpretation unterstützen.

Beispielanwendung:

- Generiere Hypothesen oder experimentelle Ansätze für wissenschaftliche Studien.

- Führe Simulationen oder Modellierungen durch, um komplexe Phänomene zu untersuchen.

- Analysiere Daten und generiere statistische Zusammenfassungen oder Visualisierungen.

Diese Beispiele geben dir einen Einblick in die vielfältigen Anwendungsmöglichkeiten von ChatGPT. Die Technologie bietet ein enormes Potenzial, um Kreativität, Produktivität und Innovation in verschiedenen Bereichen zu fördern. Du kannst die vorgestellten Ideen als Inspiration nutzen und sie an deine spezifischen Anforderungen anpassen.

4.1: Vertiefte Techniken für optimale Ergebnisse

In den vorherigen Kapiteln haben wir uns mit den Grundlagen von ChatGPT und seinen Anwendungsbereichen auseinandergesetzt. Nun möchten wir uns mit einigen vertieften Techniken befassen, die dir dabei helfen, optimale Ergebnisse mit ChatGPT zu erzielen. Diese fortgeschrittenen Techniken können dir helfen, die Leistungsfähigkeit der Software voll auszuschöpfen und noch bessere Antworten und Ergebnisse zu erzielen.

1. **Spezifität**: Wenn du ChatGPT verwendest, ist es wichtig, den Kontext und die Spezifität deiner Fragen und Anweisungen zu berücksichtigen. Je genauer und spezifischer du bist, desto besser kann ChatGPT deine Anforderungen verstehen und darauf reagieren. Formuliere klare und präzise Fragen, gib ausreichend Hintergrundinformationen und spezifiziere deine Erwartungen, um genau die gewünschten Ergebnisse zu erhalten.

Beispiel:

Statt einer allgemeinen Frage wie "Kannst du mir etwas über Hunde erzählen?" könntest du spezifischer sein und fragen: "Welche sind die beliebtesten Hunderassen für Familien mit Kindern und warum?"

2. **Experimentiere mit Temperatureinstellungen:** Die Temperatureinstellung beeinflusst die Zufälligkeit der Antworten

von ChatGPT. Eine niedrige Temperatur erzeugt konservativere und vorhersehbarere Antworten, während eine höhere Temperatur zu kreativeren, aber möglicherweise auch unvorhersehbareren Antworten führt. Experimentiere mit verschiedenen Temperatureinstellungen, um den richtigen Kompromiss zwischen Konsistenz und Kreativität zu finden.

Beispiel:

Bei einer niedrigen Temperatur könntest du eine Antwort wie "Die beliebtesten Hunderassen für Familien mit Kindern sind Golden Retriever, Labrador Retriever und Beagle, weil sie bekannt für ihre freundliche und familienfreundliche Natur sind" erhalten. Bei einer höheren Temperatur könnte die Antwort lauten: "Die beliebtesten Hunderassen für Familien mit Kindern sind wie ein bunter Strauß voller fröhlicher Bellen und wackelnder Schwänze! Du könntest einen flauschigen Collie haben, der die Kinder beschützt, oder einen verspielten Dalmatiner, der sie zum Lachen bringt!"

3. **Verwende Formatierungscodes**: ChatGPT unterstützt spezielle Formatierungscodes, um das Ergebnis zu steuern. Du kannst diese Codes verwenden, um Texte fett zu markieren, Aufzählungen zu erstellen oder sogar Links einzufügen. Indem du Formatierungscodes verwendest, kannst du das generierte Ergebnis besser strukturieren und präsentieren.

Beispiel: Fettgedruckter Text: Die beliebtesten Hunderassen für Familien mit Kindern sind Golden Retriever, Labrador und Beagle. Aufzählung:

• Golden Retriever

- Labrador
- Beagle

4. **Präzisiere und iteriere**: ChatGPT ist ein fortlaufendes Lernmodell, das von großen Mengen an Textdaten trainiert wurde. Es kann vorkommen, dass es nicht sofort die gewünschten Ergebnisse liefert oder nicht den gewünschten Stil oder Ton trifft. In solchen Fällen ist es hilfreich, die Fragestellung zu präzisieren, alternative Formulierungen auszuprobieren oder den Text schrittweise zu überarbeiten. Durch iterative Anpassungen kannst du ChatGPT dazu bringen, bessere und präzisere Antworten zu generieren.

Beispiel: Anstatt einfach zu fragen: "Welche Hunderassen sind gut für Kinder?", könntest du spezifizieren: "Welche Hunderassen eignen sich am besten für Kinder im Alter von 5 bis 10 Jahren?"

Mit diesen vertieften Techniken kannst du die Qualität der Antworten und Ergebnisse von ChatGPT weiter verbessern. Experimentiere, sei präzise und nutze die Flexibilität des Modells, um die gewünschten Ergebnisse zu erzielen. In Kapitel 4.2 werden wir uns mit bewährten Strategien zur Fehlerbehebung und Optimierung beschäftigen, um ChatGPT noch effektiver einzusetzen.

4.2: Fehlerbehebung und Optimierung

Obwohl ChatGPT ein leistungsstarkes Werkzeug ist, kann es manchmal zu Herausforderungen oder unerwünschten Ergebnissen kommen. In diesem Kapitel werden wir bewährte Strategien zur Fehlerbehebung und Optimierung von ChatGPT kennenlernen, um die Qualität der Antworten weiter zu verbessern und potenzielle Probleme zu bewältigen.

1. **Verständnis des Modells**: ChatGPT ist ein Sprachmodell, das aufgrund seiner Trainingsdaten Informationen generiert. Es verfügt jedoch nicht über ein tiefes Verständnis oder Hintergrundwissen wie ein Mensch. Es ist wichtig, dies im Hinterkopf zu behalten und keine übermäßig komplexe oder domänenspezifische Fragen zu stellen, für die das Modell möglicherweise nicht ausreichend vorbereitet ist.

Beispiel: Anstatt zu fragen: "Wie kann ich meinen 10 Jahre alten Labrador dazu bringen, aufhören zu bellen, wenn der Briefträger kommt?", könntest du spezifischer sein und fragen: "Welche Trainingsmethoden sind effektiv, um das Bellen bei Hunden zu reduzieren?"

2. **Umgang mit unerwünschten Ergebnissen**: Es kann vorkommen, dass ChatGPT unerwünschte oder inkorrekte Antworten liefert. In solchen Fällen ist es wichtig, die generierte Antwort kritisch zu prüfen und gegebenenfalls alternative Fragen oder Anweisungen zu formulieren. Durch eine iterative Herangehensweise kannst du das Modell dazu bringen, bessere Ergebnisse zu erzielen.

Beispiel: Wenn ChatGPT eine ungenaue Antwort liefert, könntest du die Frage präzisieren, zusätzliche Kontextinformationen hinzufügen oder alternative Formulierungen ausprobieren, um eine korrektere Antwort zu erhalten.

3. **Berücksichtigung von Bias und Vorurteilen**: Da ChatGPT auf großen Textdaten trainiert wird, kann es zu Vorurteilen oder unerwünschten Verhaltensweisen kommen. Es ist wichtig, sich dessen bewusst zu sein und bei der Nutzung von ChatGPT verantwortungsbewusst zu handeln. Überprüfe die generierten

Antworten sorgfältig auf mögliche Bias-Effekte und korrigiere gegebenenfalls.

Beispiel: Wenn ChatGPT eine Antwort gibt, die stereotype oder diskriminierende Inhalte enthält, kannst du diese durch eine Überarbeitung der Fragestellung oder eine Anpassung des Kontexts korrigieren, um eine neutralere und angemessenere Antwort zu erhalten.

4. **Feedback und Feinabstimmung**: OpenAI ermöglicht es den Nutzern, Feedback zu unangemessenen Antworten zu geben, um das Modell kontinuierlich zu verbessern. Nutze diese Möglichkeit, um Feedback zu geben und zur kontinuierlichen Weiterentwicklung von ChatGPT beizutragen.

Mit diesen Strategien zur Fehlerbehebung und Optimierung kannst du ChatGPT noch effektiver nutzen und bessere Ergebnisse erzielen. Denke daran, dass ChatGPT ein Werkzeug ist, das von dir geleitet wird. Durch eine klare Kommunikation und iterative Anpassungen kannst du die gewünschten Antworten und Ergebnisse erreichen. In Kapitel 5 werden wir uns mit den ethischen Aspekten und Verantwortlichkeiten bei der Nutzung von ChatGPT befassen.

Beispiele für optimierte Prompts:

Frage nach einem Rezept: "Kannst du mir ein einfaches Rezept für Schokoladenkekse geben?"

Bitte um Ratschläge: "Welche Tipps hast du für ein erfolgreiches Bewerbungsgespräch?"

Anforderung einer Anleitung: "Kannst du mir erklären, wie ich eine Excel-Tabelle erstelle?"

Suche nach Informationen: "Was sind die Symptome von Grippe?"

Erstellung einer Geschichte: "Erfinde eine kurze Geschichte über einen verlorenen Schatz."

Fragen zur Technologie: "Wie funktioniert künstliche Intelligenz?"

Bedarf an Inspiration: "Kannst du mir einige Ideen für ein Geburtstagsgeschenk geben?"

Diskussion über aktuelle Themen: "Was sind die Auswirkungen des Klimawandels auf die Ozeane?"

Suche nach Ratschlägen: "Wie kann ich besser mit Stress umgehen?"

Fragen zum Reisen: "Welche Sehenswürdigkeiten sollte ich in Paris besuchen?"

Diese Beispiele zeigen, wie verschiedene Arten von Prompts gestaltet sein können, um präzise und informative Antworten von ChatGPT zu erhalten. Experimentiere mit deinen eigenen Fragen und Anfragen, um die bestmöglichen Ergebnisse zu erzielen.

4.3: Bewährte Strategien zur Verbesserung der Antwortqualität

In diesem Kapitel werden wir bewährte Strategien und erweiterte Techniken untersuchen, die dir helfen können, die Qualität der generierten Antworten von ChatGPT weiter zu verbessern. Durch die Anwendung dieser Strategien kannst du präzisere, relevantere und nützlichere Ergebnisse erzielen.

Vermeide Mehrdeutigkeiten : Es ist wichtig, Fragen und Anfragen so präzise wie möglich zu formulieren, um Mehrdeutigkeiten zu vermeiden. Kläre den Kontext und spezifiziere Details, um sicherzustellen, dass ChatGPT die beabsichtigte Bedeutung versteht und entsprechend antwortet.

Beispiel:

Anstatt zu fragen: "Wie ist das Wetter?" Frage präziser: "Kannst du mir sagen, wie das Wetter in Berlin heute Nachmittag sein wird?"

Nachfragen: Wenn Sie eine unklare oder unvollständige Antwort erhalten, können Sie kontextsensitives Nachfragen verwenden, um weitere Details zu erfragen. Fügen Sie einfach eine weitere Frage hinzu, die auf die vorherige Antwort Bezug nimmt und um zusätzliche Informationen bittet. Dadurch können Sie eine präzisere Antwort erhalten.

Beispiel:

Frage: "Was sind die Hauptursachen für Herzkrankheiten?"
Antwort: "Eine ungesunde Lebensweise und genetische Faktoren spielen eine Rolle."
Nachfrage: "Können Sie bitte genauer darauf eingehen, welche Aspekte einer ungesunden Lebensweise das Risiko von Herzkrankheiten erhöhen?"

Verwendung von Fachwissen: Unterstützen Sie ChatGPT, indem Sie ihm den erforderlichen Kontext und das notwendige Fachwissen zur Verfügung stellen. Geben Sie zusätzliche Informationen, Definitionen oder Erläuterungen, um sicherzustellen, dass das Modell über ausreichende Kenntnisse verfügt, um die Frage zu beantworten.

Beispiel:

Frage: "Was sind die Symptome einer Glutenunverträglichkeit?"

Hinweis: "Glutenunverträglichkeit, auch bekannt als Zöliakie, ist eine Autoimmunerkrankung, bei der der Körper Gluten nicht verträgt, ein Protein, das in Weizen, Gerste und Roggen vorkommt."

Kapitel 5

In den vorherigen Kapiteln haben wir uns darauf konzentriert, wie ChatGPT als Werkzeug für Informationsabfragen und praktische Anwendungen genutzt werden kann. In diesem Kapitel möchten wir uns auf kreative Anwendungen konzentrieren und dir zeigen, wie du ChatGPT nutzen kannst, um deine kreativen Schreibfähigkeiten zu erweitern und inspirierende Texte zu erstellen.

5.1: Einführung in kreative Anwendungen mit ChatGPT

In diesem Kapitel möchten wir dir eine Einführung in die spannenden Möglichkeiten geben, wie du ChatGPT für kreative Anwendungen nutzen kannst. Während ChatGPT in erster Linie als Werkzeug für informative Antworten und praktische Anwendungen bekannt ist, erweist es sich auch als äußerst nützlich und inspirierend für kreatives Schreiben und andere künstlerische Projekte.

Die Nutzung von ChatGPT für kreative Anwendungen bietet eine Fülle von Vorteilen. Es kann als kreativer Schreibpartner dienen, der dir dabei hilft, neue Ideen zu generieren, Schreibblockaden zu überwinden und deinen kreativen Fluss zu stimulieren. Durch die Interaktion mit ChatGPT erhältst du Impulse, Inspiration und neue Perspektiven, die deine kreativen Werke bereichern können.

Hier sind einige der Hauptvorteile der Nutzung von ChatGPT für kreative Anwendungen:

Ideenentwicklung und Brainstorming: ChatGPT kann dir helfen, neue Ideen zu generieren und den Brainstorming-Prozess zu unterstützen. Du kannst Fragen stellen, Anfragen senden oder einfach nur einen Anfangstext bereitstellen, um den ChatGPT-Modell zu inspirieren und kreative Vorschläge zu erhalten.

Überwindung von Schreibblockaden: Schreibblockaden sind für viele kreative Menschen eine Herausforderung. ChatGPT kann dir dabei helfen, diese Blockaden zu überwinden, indem es als Schreibpartner fungiert und dich bei der Entwicklung von Gedanken, Charakteren, Handlungssträngen und Dialogen unterstützt.

Entdeckung neuer Perspektiven: Durch die Interaktion mit ChatGPT erhältst du Zugang zu einer Vielzahl von Stimmen und Denkweisen. Dies kann dazu führen, dass du neue Perspektiven entdeckst, die deine kreativen Werke bereichern und erweitern können.

Inspiration und kreative Impulse: ChatGPT kann dir inspirierende und unerwartete Ideen liefern, die deine Kreativität anregen und neue Wege des Denkens und Schreibens eröffnen. Es kann eine Quelle der Inspiration sein, die dich dazu ermutigt, über konventionelle Grenzen hinauszugehen und innovative Ansätze zu verfolgen.

Effiziente und produktive Zusammenarbeit: Wenn du an kreativen Projekten arbeitest, kann ChatGPT als kollaborativer Partner dienen. Du kannst ihm Fragen stellen, um Feedback zu erhalten, alternative Lösungen zu erkunden oder sogar Dialoge zwischen Charakteren zu generieren. Dies kann den kreativen Prozess beschleunigen und zu einer effizienteren Zusammenarbeit führen.

Nun, da wir die Vorteile der Nutzung von ChatGPT für kreative Anwendungen betrachtet haben, lassen uns einige konkrete Beispiele für solche Anwendungen betrachten:

Generie Story-Ideen: Du kannst ChatGPT Fragen stellen, um Ideen für Geschichten, Romane oder Drehbücher zu generieren. Erbitte Vorschläge für interessante Szenarien, ungewöhnliche Charaktere oder überraschende Wendungen, um deine kreative Vorstellungskraft anzuregen.

Schreibe Poesie: Verwende ChatGPT, um dich bei der Erstellung von Gedichten inspirieren zu lassen. Gib ihm eine Zeile oder ein Thema vor und bitte ihn, den Text fortzusetzen oder weitere Verse hinzuzufügen. Du wirst überrascht sein, welche poetischen Ergüsse ChatGPT hervorbringen kann.

Entwerfe Dialogen: ChatGPT kann dir helfen, überzeugende Dialoge zwischen Charakteren zu entwickeln. Stelle Fragen wie "Wie würden diese beiden Charaktere miteinander sprechen?" oder "Welche interessanten Konversationen könnten zwischen ihnen stattfinden?" und lass dich von den generierten Antworten inspirieren.

Schreibe Songtexte: Wenn du Songtexte schreibst, kann ChatGPT dir dabei helfen, neue Textideen zu entwickeln. Gib ihm einen Anfangsvers oder eine bestimmte Stimmung vor und bitte ihn, den Text weiterzuführen. Das Ergebnis kann dir helfen, neue Songtexte zu kreieren.

Erstelle Kunstbeschreibungen: Wenn du Kunstwerke erstellst, kann ChatGPT dir dabei helfen, ausdrucksstarke Beschreibungen zu entwickeln. Lasse dich von ChatGPT inspirieren, um die richtigen Worte zu finden, um deine Kunstwerke zu beschreiben und ihre Botschaft zu vermitteln.

Das waren nur einige Beispiele für kreative Anwendungen mit ChatGPT. Die Möglichkeiten sind nahezu grenzenlos und können je nach individuellen Interessen und Vorlieben weiter angepasst werden. Experimentiere, probiere verschiedene Ansätze aus und entdecke, wie ChatGPT deine kreativen Werke bereichern kann.

5.2: Freewriting und Brainstorming mit ChatGPT

Im vorherigen Kapitel haben wir bereits die kreativen Anwendungsmöglichkeiten von ChatGPT besprochen und wie es dir bei der Ideenentwicklung und Überwindung von Schreibblockaden helfen kann. In diesem Kapitel werden wir uns genauer mit der Technik des Freewritings und des Brainstormings befassen und wie du diese mit ChatGPT kombinieren kannst, um deine kreativen Prozesse zu verbessern.

Freewriting: Fließendes Schreiben ohne Einschränkungen

Freewriting ist eine beliebte Technik, um den kreativen Fluss zu fördern und neue Ideen zu generieren. Es geht darum, frei und unzensiert zu schreiben, ohne sich um Grammatik, Rechtschreibung oder Struktur zu kümmern. Bei dieser Technik lässt du deine Gedanken ungehindert fließen und schreibst alles auf, was dir in den Sinn kommt.

Die Verwendung von ChatGPT beim Freewriting kann diesen Prozess noch erweitern und bereichern. Du kannst ChatGPT Fragen stellen, Anfragen senden oder einfach nur einen Anfangstext bereitstellen, um den ChatGPT-Modell zu inspirieren und neue Gedankenimpulse zu erhalten. Hier sind einige Schritte, wie du ChatGPT effektiv in dein Freewriting einbeziehen kannst:

Schritt 1: Vorbereitung Bereite dich auf das Freewriting vor, indem du eine klare Absicht setzt. Überlege, welche Fragen du stellen möchtest, oder welche Themen dich interessieren. Formuliere gegebenenfalls einen Anfangstext, der als Ausgangspunkt für das Freewriting dient.

Schritt 2: ChatGPT aktivieren Starte die ChatGPT-Software oder die Plattform und gib deine Frage oder deinen Ausgangstext ein. Achte darauf, klar und präzise zu formulieren, um eine zielgerichtete Antwort zu erhalten.

Schritt 3: Freewriting Lasse deine Gedanken frei fließen und schreibe, was immer dir in den Sinn kommt. Richte deine Aufmerksamkeit auf die Antworten von ChatGPT und nutze sie als Inspiration für weitere Gedanken und Ideen. Halte den Stift auf dem Papier oder die Finger auf der Tastatur in Bewegung und lasse deine Kreativität frei entfalten.

Schritt 4: Keine Selbstzensur Während des Freewritings ist es wichtig, die Selbstzensur abzuschalten. Schreibe schnell und impulsiv, ohne deine Gedanken zu überdenken oder zu bewerten. Lass die Worte fließen und akzeptiere, dass nicht jeder Satz perfekt sein muss.

Schritt 5: Interaktion mit ChatGPT Während des Freewritings kannst du jederzeit ChatGPT um weitere Impulse bitten. Stelle ihm Fragen wie "Kannst du mir dabei helfen, diese Idee weiterzuentwickeln?" oder "Gibt es alternative Perspektiven, die ich berücksichtigen sollte?" Lass ChatGPT dich inspirieren und neue Wege des Denkens aufzeigen.

Schritt 6: Auswertung und Überarbeitung Nach dem Freewriting nimm dir Zeit, um deine Aufzeichnungen zu überprüfen und möglicherweise zu überarbeiten. Identifiziere die interessantesten Ideen und überlege, wie du sie weiterentwickeln oder in andere Projekte integrieren kannst.

Freewriting mit ChatGPT kann eine erfrischende und produktive Erfahrung sein, um deine kreativen Säfte fließen zu lassen. Es ermöglicht dir, neue Blickwinkel einzunehmen und unkonventionelle Ideen zu erkunden. Nutze diese Technik, um deine Schreibblockaden zu überwinden und deine kreative Ausdrucksfähigkeit zu erweitern.

5.2.2 Brainstorming: Ideenentwicklung im Dialog mit ChatGPT

Brainstorming ist eine bewährte Methode zur Ideenentwicklung, bei der eine Vielzahl von Ideen zu einem bestimmten Thema gesammelt werden. Es ist eine kollaborative Technik, bei der alle Gedanken und Vorschläge willkommen sind, ohne dass sie sofort bewertet oder diskutiert werden.

Mit ChatGPT kannst du das Brainstorming auf ein neues Level heben. Indem du ChatGPT in den Dialog einbeziehst, erhältst du zusätzliche Perspektiven und Ideen, die deine eigenen Gedanken erweitern können. Hier sind einige Schritte, wie du ChatGPT beim Brainstorming effektiv einsetzen kannst:

Schritt 1: Thema festlegen Definiere das Thema oder den Bereich, für den du Ideen entwickeln möchtest. Es kann sich um ein Schreibprojekt, ein neues Produkt oder eine kreative Herausforderung handeln.

Schritt 2: Grundsätzliche Ideen sammeln Beginne mit dem Brainstorming, indem du selbst grundlegende Ideen zu dem Thema notierst. Schreibe sie in kurzen Stichpunkten auf und gib sie in die ChatGPT-Plattform ein.

Schritt 3: Interaktion mit ChatGPT Stelle ChatGPT gezielte Fragen wie "Hast du zusätzliche Ideen zu diesem Thema?" oder "Wie könnten wir diese Idee weiterentwickeln?" Lass ChatGPT seine Vorschläge liefern und halte sie schriftlich fest.

Schritt 4: Kombination und Erweiterung Kombiniere die Ideen von ChatGPT mit deinen eigenen und erweitere sie weiter. Lass dich von den generierten Antworten inspirieren und entwickle sie zu konkreten Lösungsansätzen oder neuen Ideen weiter.

Schritt 5: Überprüfung und Bewertung Gehe am Ende des Brainstorming-Prozesses deine gesammelten Ideen durch und bewerte sie nach ihrer Nützlichkeit, Machbarkeit oder Originalität. Identifiziere die vielversprechendsten Ansätze und überlege, wie du sie weiterverfolgen kannst.

Das Einbeziehen von ChatGPT in den Brainstorming-Prozess kann dir helfen, über den Tellerrand hinauszuschauen und neue Ideen zu entdecken. Nutze die kreative Intelligenz der KI, um deine Ideen zu erweitern und neue Perspektiven einzunehmen. Das Ergebnis wird ein reichhaltigeres und vielfältigeres Ideenportfolio sein.

Beispiele für optimale Prompts:

Beschreibe eine idyllische Landschaft mit sanften Hügeln und einem klaren See. Wie fühlt es sich an, dort zu sein und welche Geräusche sind zu hören?

Entwickle eine Geschichte über eine unerwartete Freundschaft zwischen einem Menschen und einem Roboter. Welche Abenteuer erleben sie zusammen?

"Stelle dir vor, du könntest einen Tag lang in die Vergangenheit reisen. Welche historische Periode würdest du wählen und was würdest du dort erleben?"

Beschreibe ein magisches Artefakt, das jedem, der es berührt, eine außergewöhnliche Fähigkeit verleiht. Wie würde diese Fähigkeit aussehen und wie würde sie das Leben der Person verändern?

Entwickle eine Liste von zehn ungewöhnlichen Hobbys, die du gerne ausprobieren würdest. Beschreibe, warum du dich für diese Hobbys interessierst und welche Herausforderungen sie mit sich bringen könnten.

Diese Beispiele zeigen, wie du ChatGPT verwenden kannst, um inspirierende Prompts zu erhalten, die deine kreativen Fähigkeiten stimulieren. Experimentiere mit verschiedenen Fragestellungen und Themenbereichen, um die Vielseitigkeit von ChatGPT voll auszuschöpfen und neue kreative Horizonte zu erkunden.

5.3 Charakterentwicklung und Dialoge mit ChatGPT

Die Entwicklung von faszinierenden Charakteren und überzeugenden Dialogen ist ein zentraler Aspekt vieler Geschichten. Mit ChatGPT kannst du diesen Prozess unterstützen und neue Ansätze für deine Charaktere und ihre Dialoge entdecken. In diesem Kapitel werden wir uns mit der Verwendung von ChatGPT zur Charakterentwicklung und zur Erstellung lebendiger Dialoge beschäftigen.

5.3.1 Charakterentwicklung mit ChatGPT

Charaktere sind das Herzstück einer Geschichte und machen sie für die Leser interessant und einnehmend. Mit ChatGPT kannst du die Charakterentwicklung auf eine neue Ebene bringen, indem du neue

Perspektiven und Ideen erhältst. Hier sind einige Schritte, wie du ChatGPT in die Charakterentwicklung einbeziehen kannst:

Schritt 1: Grundlegende Informationen Gib ChatGPT grundlegende Informationen über deinen Charakter, wie Name, Alter, Aussehen und Hintergrundgeschichte. Frage ChatGPT nach zusätzlichen Details, die du möglicherweise übersehen hast oder die deinem Charakter Tiefe verleihen können.

Schritt 2: Motivation und Ziele Erkunde mit ChatGPT die Motivationen und Ziele deines Charakters. Frage nach den inneren Konflikten, Träumen oder Ängsten, die deinen Charakter antreiben. Lass ChatGPT verschiedene Perspektiven oder Ideen zur Motivation deines Charakters einbringen.

Schritt 3: Charakterentwicklung im Laufe der Geschichte Diskutiere mit ChatGPT, wie sich dein Charakter im Laufe der Geschichte entwickeln könnte. Frage nach möglichen Wendepunkten, Lektionen oder Herausforderungen, die den Charakterwachstum fördern. Lass dich von den Ideen von ChatGPT inspirieren und entwickle eine fesselnde Charakterentwicklung.

Schritt 4: Stärken und Schwächen Erkunde mit ChatGPT die Stärken und Schwächen deines Charakters. Frage nach möglichen Verbesserungen oder Schwachstellen, die den Charakter realistischer und vielschichtiger machen. Lass ChatGPT Vorschläge machen, wie du die Stärken deines Charakters betonen oder seine Schwächen überwinden kannst.

Schritt 5: Interaktionen und Beziehungen Erstelle Dialoge zwischen deinem Charakter und anderen Charakteren mithilfe von ChatGPT. Stelle Fragen wie "Wie könnte ein Gespräch zwischen meinem Charakter und einem anderen Charakter verlaufen?" oder "Welche Konflikte könnten zwischen ihnen auftreten?" Lass ChatGPT mögliche Dialogoptionen vorschlagen und lasse dich von den Antworten inspirieren.

Die Einbeziehung von ChatGPT in die Charakterentwicklung ermöglicht es dir, neue Facetten deiner Charaktere zu erkunden und interessante Perspektiven einzunehmen. Nutze die generierten Ideen von ChatGPT als Ausgangspunkt und entwickle sie weiter, um einzigartige und unvergessliche Charaktere zu erschaffen.

5.3.2 Dialoge erstellen mit ChatGPT

Dialoge sind ein wichtiger Bestandteil jeder Geschichte und tragen zur Entwicklung der Charaktere und zur Vermittlung von Informationen bei. Mit ChatGPT kannst du realistische und fesselnde Dialoge erstellen. Hier sind einige Schritte, wie du ChatGPT zur Erstellung von Dialogen nutzen kannst:

Schritt 1: Charakterstimmen Gib ChatGPT Informationen über die Charaktere, die am Dialog beteiligt sind. Beschreibe ihre Persönlichkeit, Sprachgewohnheiten und Tonfall. Frage ChatGPT nach möglichen Dialogoptionen, die zu den einzelnen Charakteren passen würden, und lass dich von den generierten Antworten inspirieren.

Schritt 2: Konflikt und Spannung Diskutiere mit ChatGPT Möglichkeiten, Konflikte und Spannungen in den Dialog einzubringen. Frage nach potenziellen Reibungen, Missverständnissen oder Widersprüchen zwischen den Charakteren. Lass ChatGPT alternative Szenarien vorschlagen, um die Dialogintensität zu steigern.

Schritt 3: Natürlicher Fluss und Reaktionen Achte darauf, dass der Dialog einen natürlichen Fluss hat und dass die Reaktionen der Charaktere aufeinander abgestimmt sind. Frage ChatGPT nach realistischen Reaktionen auf bestimmte Aussagen oder Ereignisse. Überprüfe den Dialog auf Konsistenz und mache gegebenenfalls Anpassungen.

Schritt 4: Dialogstruktur Experimentiere mit verschiedenen Dialogstrukturen wie Frage-Antwort-Format, aufeinanderfolgende Aussagen oder sogar monologartige Abschnitte. Frage ChatGPT nach möglichen Alternativen zur aktuellen Dialogstruktur und finde heraus, welche am besten zur Geschichte passt.

Schritt 5: Bearbeitung und Überarbeitung Bearbeite und überarbeite den generierten Dialog, um ihn an deine spezifischen Bedürfnisse anzupassen. Passe den Dialog an den Charakterstil und die Geschichte an und verfeinere die Dialogoptionen, um eine höhere Qualität zu erreichen.

Die Verwendung von ChatGPT zur Erstellung von Dialogen kann eine wertvolle Ergänzung deines Schreibprozesses sein. Experimentiere mit verschiedenen Dialogoptionen und nutze die generierten Vorschläge von ChatGPT als Ausgangspunkt, um fesselnde und überzeugende Dialoge zu erschaffen.

Mit den in diesem Kapitel vorgestellten Techniken kannst du die Möglichkeiten von ChatGPT voll ausschöpfen, um deine kreativen Schreibprojekte zu verbessern. Nutze die Kraft der KI, um neue Ideen zu generieren, deine Charaktere zu entwickeln und lebendige Dialoge zu erstellen. Experimentiere, sei neugierig und lass dich von den Ergebnissen überraschen.

5.4 Beschreibungen und Atmosphäre mit ChatGPT

Die Fähigkeit, lebendige Beschreibungen und eine fesselnde Atmosphäre zu schaffen, ist entscheidend, um Leser in eine Geschichte einzutauchen. Mit ChatGPT kannst du die Kraft der künstlichen Intelligenz nutzen, um deine Beschreibungen zu verbessern und eine packende Atmosphäre zu schaffen. In diesem Kapitel werden wir uns mit der Verwendung von ChatGPT zur Erstellung von Beschreibungen und Atmosphäre befassen.

5.4.1 Beschreibungen verstärken

Beschreibungen spielen eine wichtige Rolle beim Erschaffen einer lebendigen und visuellen Welt für deine Leser. Hier sind einige Schritte, wie du ChatGPT nutzen kannst, um deine Beschreibungen zu verstärken:

Schritt 1: Einführung in den Ort oder das Objekt Beschreibe dem ChatGPT den Ort oder das Objekt, das du beschreiben möchtest. Gib ihm spezifische Details wie Aussehen, Geräusche, Gerüche oder Texturen. Frage ChatGPT nach weiteren Aspekten, die du möglicherweise übersehen hast oder die die Beschreibung bereichern könnten.

Schritt 2: Verwendung von Sinneswahrnehmungen Erkunde mit ChatGPT die Verwendung von Sinneswahrnehmungen, um deine Beschreibungen lebendiger zu gestalten. Frage nach Möglichkeiten, Geräusche, Gerüche, Geschmäcker oder taktile Empfindungen einzubeziehen. Lass ChatGPT alternative Beschreibungen vorschlagen, um verschiedene Sinne anzusprechen.

Schritt 3: Emotionen und Stimmungen Diskutiere mit ChatGPT die emotionalen Auswirkungen des Ortes oder Objekts auf die

Charaktere oder die Atmosphäre der Szene. Frage nach möglichen emotionalen Reaktionen oder Stimmungen, die durch die Beschreibung erzeugt werden könnten. Lass ChatGPT alternative Emotionen oder Stimmungen vorschlagen, um verschiedene Atmosphären zu erkunden.

Schritt 4: Präzision und Prägnanz Achte darauf, dass deine Beschreibungen präzise und prägnant sind. Frage ChatGPT nach möglichen Alternativen, um unnötige Wiederholungen oder überflüssige Details zu vermeiden. Experimentiere mit verschiedenen Formulierungen, um den gewünschten Effekt zu erzielen.

Schritt 5: Feedback und Überarbeitung Verwende das Feedback von ChatGPT als Ausgangspunkt für deine Überarbeitung. Überprüfe die generierten Beschreibungen auf Konsistenz, Stimmigkeit und Lesbarkeit. Passe die Beschreibungen an den Stil und die Atmosphäre deiner Geschichte an und überarbeite sie entsprechend.

5.4.2 Atmosphäre schaffen

Die Atmosphäre einer Geschichte ist entscheidend, um die Stimmung einzufangen und die Leser zu fesseln. Mit ChatGPT kannst du verschiedene Möglichkeiten zur Schaffung einer packenden Atmosphäre erkunden:

Schritt 1: Beschreibung der Umgebung Beschreibe dem ChatGPT die Umgebung, in der sich die Szene abspielt. Beschreibe die physischen Merkmale wie das Wetter, die Architektur oder die Natur. Frage ChatGPT nach möglichen Aspekten, die die Atmosphäre verstärken könnten, und lasse dich von den generierten Antworten inspirieren.

Schritt 2: Verwendung von Sprache und Ton Experimentiere mit verschiedenen sprachlichen Stilmitteln, um die Atmosphäre zu prägen. Frage ChatGPT nach Vorschlägen für spezifische Worte, Ausdrücke oder Sätze, die die gewünschte Stimmung erzeugen. Lass ChatGPT alternative Formulierungen vorschlagen, um verschiedene Atmosphären zu erkunden.

Schritt 3: Emotionen und Wahrnehmungen Diskutiere mit ChatGPT die emotionalen Reaktionen der Charaktere auf die Umgebung. Frage nach möglichen Wahrnehmungen, die die Atmosphäre verstärken könnten. Lass ChatGPT alternative emotionale Reaktionen oder Wahrnehmungen vorschlagen, um verschiedene Atmosphären zu erforschen.

Schritt 4: Tempo und Rhythmus Experimentiere mit dem Tempo und Rhythmus der Beschreibungen, um die Atmosphäre zu gestalten. Frage ChatGPT nach möglichen Variationen im Satzbau oder in der Satzlänge, um die gewünschte Stimmung zu erzeugen. Lass ChatGPT alternative Formulierungen vorschlagen, um verschiedene Atmosphären zu erkunden.

Schritt 5: Feedback und Überarbeitung Nutze das Feedback von ChatGPT, um deine Atmosphäre zu verbessern. Überprüfe die generierten Beschreibungen auf ihre Wirkung und passe sie gegebenenfalls an. Achte darauf, dass die Atmosphäre zu deiner Geschichte und den Charakteren passt.

Die Verwendung von ChatGPT zur Erstellung von Beschreibungen und zur Schaffung einer fesselnden Atmosphäre kann deine Geschichten auf ein neues Level heben. Nutze die Möglichkeiten der künstlichen Intelligenz, um lebendige Welten zu erschaffen und deine Leser zu begeistern. Experimentiere, sei kreativ und lass dich von den generierten Ideen inspirieren.

5.5 Kreative Schreibübungen und Spiele mit ChatGPT

Das Schreiben ist nicht nur ein Handwerk, sondern auch ein kreativer Prozess, der Inspiration und Übung erfordert. Mit ChatGPT kannst du kreative Schreibübungen und Spiele durchführen, um deine Fähigkeiten weiterzuentwickeln und neue Ideen zu generieren. In diesem Kapitel werden wir uns mit einigen kreativen Schreibübungen und Spielen beschäftigen, die du mit ChatGPT durchführen kannst.

5.5.1 Wortassoziationsspiel

Das Wortassoziationsspiel ist eine großartige Möglichkeit, um deine Kreativität zu stimulieren und neue Ideen zu generieren. Beginne mit einem beliebigen Wort und lass ChatGPT ein assoziatives Wort dazu generieren. Verwende dieses Wort als Ausgangspunkt für einen kurzen Absatz oder eine Geschichte. Wiederhole den Prozess mehrmals, um eine Kette von assoziativen Worten und Ideen zu erstellen. Du wirst überrascht sein, wie weit dich dieses Spiel führen kann.

Beispiel: Spieler: "Himmel" ChatGPT: "Wolken" Spieler: "Wolken" ChatGPT: "Regen" Spieler: "Regen" ChatGPT: "Pfütze" Spieler: "Pfütze" ChatGPT: "Kind" Spieler: "Es war ein regnerischer Tag, als ein kleines Kind fröhlich in den Pfützen herumsprang..."

5.5.2 Dialogschreibübung

Der Dialog ist ein mächtiges Werkzeug, um Charaktere zum Leben zu erwecken und Geschichten voranzutreiben. Führe eine Dialogschreibübung mit ChatGPT durch, bei der du eine Unterhaltung zwischen zwei Charakteren erstellst. Gib jedem Charakter eine einzigartige Stimme, Persönlichkeit und Motivation.

Lass ChatGPT die Antworten des anderen Charakters generieren und reagiere entsprechend. Diese Übung hilft dir dabei, authentische Dialoge zu schreiben und die Interaktion zwischen deinen Charakteren zu verbessern.

Beispiel: Spieler: Charakter A: "Ich kann es nicht glauben, dass du das getan hast!" ChatGPT: Charakter B: "Es tut mir leid, aber ich hatte keine andere Wahl." Spieler: Charakter A: "Du hättest mich zumindest vorher fragen können!" ChatGPT: Charakter B: "Ich weiß, es war egoistisch von mir. Aber ich musste es tun, um sie zu retten."

5.5.3 Bildbeschreibungsspiel

Nimm ein beliebiges Bild als Ausgangspunkt und beschreibe es ChatGPT. Lass ChatGPT eine detaillierte Beschreibung des Bildes generieren, als ob es ein Bildbeschreibungsprogramm wäre. Verwende die generierte Beschreibung als Inspiration für eine Geschichte oder einen Absatz. Dieses Spiel hilft dir, deine Fähigkeit zur visuellen Wahrnehmung zu schärfen und dich in lebendige Szenen hineinzuversetzen.

Beispiel: Spieler: "Beschreibe dieses Bild: [Bildlink einfügen]" ChatGPT: "Es ist ein sonniger Tag mit strahlend blauem Himmel. In der Mitte des Bildes befindet sich ein malerisches Cottage mit einem roten Dach und weißen Wänden. Ein blühender Garten erstreckt sich entlang des Cottage mit einer Vielzahl von bunten Blumen. Vor dem Cottage fließt ein kleiner Bach, der sich durch die grüne Wiese schlängelt. Am Horizont erheben sich majestätische Berge, die mit schneebedeckten Gipfeln glänzen..."

5.5.4 Kreative Stilübung

Nimm einen kurzen Absatz oder ein Zitat aus einer bekannten literarischen Arbeit und lass ChatGPT einen weiteren Absatz im gleichen Stil generieren. Experimentiere mit verschiedenen Stilen, wie beispielsweise romantisch, mysteriös oder humorvoll. Dieses Spiel hilft dir, verschiedene Schreibstile zu erkunden und deinen eigenen Schreibstil weiterzuentwickeln.

Beispiel: Spieler: "Schreibe einen Absatz im Stil von Edgar Allan Poe, basierend auf diesem Zitat: 'Es war eine düstere und stürmische Nacht...'" ChatGPT: "Die Schatten tanzten wild umher, während die Blitze den Himmel erhellten. Der Wind heulte durch die alten Bäume und ließ ihre Äste ächzen. Eine unheimliche Stille lag über dem verfallenen Herrenhaus, als ob die Geister der Vergangenheit ihre Geheimnisse hüteten. Plötzlich durchbrach ein lautes Knarren die Stille, als sich eine verwitterte Tür langsam öffnete und einen Blick in eine Welt voller düsterer Mysterien freigab..."

Diese kreativen Schreibübungen und Spiele mit ChatGPT können dir dabei helfen, deine Schreibfähigkeiten zu verbessern, deine Kreativität zu stimulieren und neue Ideen zu generieren. Nutze sie als Werkzeug, um dich herauszufordern und deine Schreibkompetenz zu erweitern. Denke daran, dass Übung und Experimentieren der Schlüssel zum Fortschritt sind. Viel Spaß beim Erkunden und Entdecken deiner kreativen Möglichkeiten!

5.6 Herausforderungen und Grenzen von ChatGPT in der kreativen Anwendung

Obwohl ChatGPT ein leistungsstarkes Werkzeug für kreative Schreibübungen ist, gibt es auch einige Herausforderungen und Grenzen, die bei der Verwendung beachtet werden sollten. In diesem Kapitel werden wir uns mit den Herausforderungen und

Grenzen von ChatGPT in der kreativen Anwendung auseinandersetzen.

5.6.1 Mangelnde Kohärenz und Kontextverlust

Eine der Herausforderungen bei der Verwendung von ChatGPT für kreative Schreibübungen ist der mögliche Mangel an Kohärenz und Kontextverlust. ChatGPT basiert auf vorherigen Texten und generiert Texte basierend auf Wahrscheinlichkeiten. Dadurch kann es vorkommen, dass der generierte Text nicht immer kohärent ist oder den gewünschten Kontext beibehält. Es kann zu unerwarteten Sprüngen oder Inkonsistenzen kommen, die möglicherweise korrigiert oder überarbeitet werden müssen.

Um diesem Problem entgegenzuwirken, ist es ratsam, die generierten Texte sorgfältig zu überprüfen und gegebenenfalls Anpassungen vorzunehmen. Es kann auch hilfreich sein, ChatGPT durch präzisere und detailliertere Prompts zu lenken, um die gewünschte Ausgabe zu erhalten.

5.6.2 Verständnis komplexer Themen

ChatGPT ist zwar in der Lage, Texte zu generieren, aber es kann Schwierigkeiten haben, komplexe Themen oder spezialisierte Fachgebiete zu verstehen. Wenn du beispielsweise ein detailliertes technisches Konzept oder einen wissenschaftlichen Fachbereich behandeln möchtest, kann ChatGPT möglicherweise nicht genügend Wissen oder Kontext haben, um präzise Informationen zu liefern. In solchen Fällen ist es ratsam, die generierten Texte kritisch zu prüfen und gegebenenfalls auf zusätzliche Quellen zurückzugreifen.

5.6.3 Anfälligkeit für Vorurteile und Fehlinformationen

Da ChatGPT auf großen Mengen von Textdaten basiert, kann es dazu neigen, Vorurteile oder Fehlinformationen widerzuspiegeln, die in den Trainingsdaten enthalten sind. Es ist wichtig, sich dessen bewusst zu sein und die generierten Texte kritisch zu hinterfragen. Verwende ChatGPT nicht als alleinige Quelle für Informationen und überprüfe die Ergebnisse, insbesondere wenn es um sensible oder kontroverse Themen geht.

5.6.4 Begrenzte Kreativität

Obwohl ChatGPT in der Lage ist, Texte zu generieren und kreative Impulse zu liefern, hat es seine Grenzen in Bezug auf Originalität und menschliche Kreativität. ChatGPT basiert auf bereits existierenden Texten und kann daher nur innerhalb der vorhandenen Informationen agieren. Es kann schwierig sein, komplett neue Ideen oder bahnbrechende Konzepte ausschließlich durch ChatGPT generieren zu lassen.

Dennoch kann ChatGPT als Inspirationsquelle dienen und den kreativen Prozess unterstützen. Es kann helfen, Blockaden zu überwinden, neue Denkweisen anzuregen und alternative Perspektiven zu bieten.

5.6.5 Ethik und Verantwortung

Bei der Verwendung von ChatGPT und anderen KI-Technologien ist es wichtig, ethische und verantwortungsvolle Praktiken zu beachten. Die Verantwortung liegt bei den Anwendern, sicherzustellen, dass die generierten Texte angemessen und nicht schädlich sind. Vermeide den Missbrauch von ChatGPT für Manipulation, Betrug oder die Verbreitung von Hassrede oder Desinformation.

Es ist auch wichtig, die Privatsphäre und Daten der Nutzer zu schützen. Achte darauf, dass keine vertraulichen oder persönlichen

Informationen in den Prompts oder den generierten Texten enthalten sind.

Abschließende Gedanken

ChatGPT bietet eine Vielzahl von kreativen Anwendungsmöglichkeiten, kann aber auch Herausforderungen und Grenzen mit sich bringen. Indem wir uns dieser Herausforderungen bewusst sind und verantwortungsbewusst mit ChatGPT umgehen, können wir seine Vorteile nutzen und unseren kreativen Schreibprozess bereichern.

In diesem Kapitel haben wir uns mit den Herausforderungen und Grenzen von ChatGPT in der kreativen Anwendung auseinandergesetzt. Es ist wichtig, die Ergebnisse von ChatGPT kritisch zu prüfen, den Kontext zu berücksichtigen und gegebenenfalls Anpassungen vorzunehmen. ChatGPT kann als Werkzeug dienen, um unsere Kreativität zu stimulieren und neue Ideen zu generieren, aber es sollte nicht als alleinige Quelle für Informationen oder kreative Ausdrucksweise verwendet werden.

Kapitel 6

ChatGPT kann nicht nur für kreative Schreibübungen verwendet werden, sondern auch als nützliches Werkzeug für informative Texte und Recherchen. In diesem Kapitel werden wir uns damit beschäftigen, wie ChatGPT bei der Informationsbeschaffung und -vermittlung eingesetzt werden kann.

6.1: Einführung in die Nutzung von ChatGPT für informative Texte

Die Verwendung von ChatGPT für informative Texte eröffnet eine Vielzahl von Möglichkeiten, komplexe Informationen auf eine klare und verständliche Weise zu vermitteln. In diesem Kapitel werden wir uns mit der grundlegenden Einführung in die Nutzung von ChatGPT für informative Texte befassen.

Informative Texte dienen dazu, Wissen und Informationen zu vermitteln. Sie können verschiedene Formen annehmen, wie zum Beispiel Artikel, Anleitungen, Erklärungen, Forschungsberichte, technische Dokumentationen und vieles mehr. Das Ziel solcher Texte ist es, den Lesern ein besseres Verständnis über ein bestimmtes Thema zu ermöglichen.

ChatGPT kann als leistungsfähiges Werkzeug in der Erstellung von informativen Texten eingesetzt werden. Es kann komplexe Informationen analysieren und in leicht verständliche Sätze umwandeln. Es bietet auch die Möglichkeit, spezifische Fragen zu beantworten und auf individuelle Bedürfnisse einzugehen.

Die Nutzung von ChatGPT für informative Texte bringt eine Reihe von Vorteilen mit sich. Es ermöglicht eine schnelle Informationsgenerierung, da es Informationen in Echtzeit liefern kann. Zudem kann es komplexe Informationen in eine verständliche Sprache umwandeln und Fachbegriffe erklären. Darüber hinaus ermöglicht die Interaktion mit ChatGPT eine personalisierte Informationsvermittlung.

Die Einsatzmöglichkeiten von ChatGPT in informativen Texten sind vielfältig. Es kann bei der Erstellung von Artikelinhalten, der Beantwortung von Fragen, der Erstellung von Anleitungen und der Veranschaulichung von Daten und Statistiken unterstützen.

Um ChatGPT effektiv für informative Texte zu nutzen, sollten präzise Fragen gestellt werden, um genaue und relevante Informationen zu erhalten. Es ist ratsam, die generierten Inhalte kritisch zu überprüfen und die Informationen mit zuverlässigen Quellen zu verifizieren. Zudem sollte die Sprache und Tonalität des generierten Textes an die Zielgruppe angepasst werden.

Bei der Nutzung von ChatGPT in informativen Texten können auch einige Herausforderungen auftreten. Dazu gehören die begrenzte Kontextsensibilität von ChatGPT, die Abhängigkeit von verfügbaren Daten und die begrenzte Kreativität des Modells.

Insgesamt bietet die Nutzung von ChatGPT für informative Texte eine leistungsstarke Möglichkeit, komplexe Informationen zu vermitteln und interaktive Informationsaustausche zu ermöglichen. Mit den richtigen Strategien und einer sorgfältigen Verwendung können informative Texte mithilfe von ChatGPT bereichert und optimiert werden.

6.2: Vorteile der Verwendung von ChatGPT für informative Texte

Die Verwendung von ChatGPT für informative Texte bietet eine Vielzahl von Vorteilen, die dazu beitragen können, qualitativ hochwertige und ansprechende Inhalte zu erstellen. In diesem Kapitel werden wir uns mit den Vorteilen der Verwendung von ChatGPT für informative Texte befassen.

Schnelle Informationsgenerierung: Mit ChatGPT können Informationen in Echtzeit generiert werden. Dies ermöglicht eine schnelle Bereitstellung von Antworten auf Fragen oder die Erstellung von Artikeln und Inhalten. Es spart Zeit und ermöglicht es den Autoren, effizienter zu arbeiten.

Verständliche Sprache: ChatGPT kann komplexe Informationen in eine leicht verständliche Sprache umwandeln. Es kann Fachbegriffe erklären und technische Konzepte auf einfache Weise vermitteln. Dies erleichtert es den Lesern, das Thema zu verstehen und sich mit den Inhalten zu identifizieren.

Personalisierte Informationsvermittlung: Durch die Interaktion mit ChatGPT können individuelle Bedürfnisse berücksichtigt werden. ChatGPT kann spezifische Fragen beantworten und auf die einzigartigen Anforderungen und Interessen der Leser eingehen. Dies ermöglicht eine personalisierte Informationsvermittlung und verbessert das Benutzererlebnis.

Erweiterung des Wissensumfangs: ChatGPT kann als wertvolles Werkzeug zur Wissenserweiterung dienen. Es kann auf eine Vielzahl von Quellen zugreifen und Informationen liefern, die über das vorhandene Wissen hinausgehen. Dies ermöglicht es den Lesern, ihr Wissen zu erweitern und neue Perspektiven zu gewinnen.

Unterstützung bei der Informationsrecherche: ChatGPT kann als Hilfsmittel bei der Informationsrecherche dienen. Es kann relevante Quellen identifizieren und Ressourcen empfehlen, die bei der Erstellung von informativen Texten hilfreich sein können. Dies erleichtert den Autoren die Recherche und spart Zeit bei der Suche nach geeigneten Informationen.

Konsistente und zuverlässige Inhalte: ChatGPT liefert konsistente Ergebnisse und vermeidet menschliche Fehler oder Unklarheiten. Dies gewährleistet die Zuverlässigkeit der generierten Inhalte und bietet den Lesern qualitativ hochwertige Informationen. ChatGPT kann auch bei der Überprüfung der Richtigkeit von Fakten und Daten helfen.

Potenzial für Kreativität: Obwohl ChatGPT hauptsächlich für informative Texte verwendet wird, bietet es dennoch Potenzial für Kreativität. Es kann bei der Erstellung von einzigartigen und ansprechenden informativen Inhalten helfen, indem es verschiedene Perspektiven und Stile einbringt. Dies ermöglicht es den Autoren, ihre Inhalte interessant und unterhaltsam zu gestalten.

Kapitel 7

Die Nutzung von ChatGPT und anderen KI-Technologien bietet eine Vielzahl von Chancen und Möglichkeiten in verschiedenen Bereichen. In diesem Kapitel werden wir uns mit den potenziellen Vorteilen und Chancen befassen, die ChatGPT bietet. Gleichzeitig werden wir uns auch den Herausforderungen und Einschränkungen stellen, die mit der Nutzung dieses Modells einhergehen. Darüber hinaus diskutieren wir den verantwortungsvollen Umgang mit KI-Technologien.

7.1: Potenzielle Vorteile und Möglichkeiten von ChatGPT

ChatGPT, als ein leistungsstarkes KI-Modell, eröffnet eine Vielzahl von faszinierenden Möglichkeiten und bietet zahlreiche Vorteile in verschiedenen Bereichen. Von der Effizienzsteigerung bis hin zur Kreativitätsförderung hat ChatGPT das Potenzial, unseren Alltag und unsere Arbeitsweise grundlegend zu verändern.

Ein entscheidender Vorteil von ChatGPT liegt in seiner Fähigkeit, Aufgaben zu automatisieren und den Arbeitsaufwand zu reduzieren. Stellen Sie sich vor, wie viel Zeit und Ressourcen eingespart werden könnten, wenn mühsame Recherchen und das Verfassen von Texten von ChatGPT übernommen werden könnten. Mit ChatGPT können komplexe Informationsgenerierungen schnell und effizient durchgeführt werden, was zu einer erheblichen Steigerung der Produktivität führt.

Darüber hinaus verbessert ChatGPT die Benutzererfahrung, indem es personalisierte und interaktive Unterstützung bietet. Es kann

Fragen beantworten, individuelle Empfehlungen geben und auf spezifische Bedürfnisse eingehen. Stellen Sie sich vor, wie hilfreich es sein könnte, einen virtuellen Assistenten zu haben, der jederzeit bereit ist, Ihre Fragen zu beantworten und Ihnen bei Ihren Anliegen zu helfen. ChatGPT ermöglicht eine engere Interaktion zwischen Mensch und Maschine, was zu einer deutlich verbesserten Benutzererfahrung führt.

Darüber hinaus eröffnet ChatGPT neue Horizonte in der Kreativitätsförderung. Es kann als Werkzeug dienen, um Ideen zu generieren, kreative Texte zu verfassen und innovative Lösungsansätze zu entwickeln. Schriftsteller, Künstler und Kreative aller Art können ChatGPT nutzen, um ihre kreativen Prozesse zu bereichern und neue Wege des Denkens und Schaffens zu erkunden. Es ist erstaunlich zu sehen, wie ChatGPT inspirierende Ideen und einzigartige Perspektiven liefern kann, die als Ausgangspunkt für weiterführende kreative Arbeit dienen.

Darüber hinaus bietet ChatGPT erweiterte Möglichkeiten für die Forschung. Wissenschaftler können das Modell nutzen, um neue Erkenntnisse zu gewinnen, komplexe Probleme zu analysieren und Hypothesen zu testen. ChatGPT ermöglicht es, Experimente durchzuführen und große Datenmengen zu erkunden, um wertvolle Erkenntnisse zu gewinnen. Diese Forschungsergebnisse können zu Durchbrüchen in verschiedenen Bereichen führen, von der Medizin bis hin zur Klimaforschung.

Ein weiterer Vorteil von ChatGPT liegt in seiner Barrierefreiheit. Es kann Menschen mit bestimmten Einschränkungen oder Behinderungen unterstützen, indem es ihnen den Zugang zu Informationen und Dienstleistungen erleichtert. Von der Textumwandlung in Audioformate bis hin zur Bereitstellung von sprachgesteuerten Schnittstellen kann ChatGPT dazu beitragen, digitale Inhalte für alle zugänglich zu machen.

7.2: Herausforderungen und Einschränkungen von ChatGPT - Wege zur Bewältigung

Obwohl ChatGPT ein äußerst leistungsfähiges Werkzeug ist, das uns mit seinen vielfältigen Fähigkeiten beeindruckt, ist es wichtig zu beachten, dass auch diese Technologie ihre eigenen Herausforderungen und Einschränkungen mit sich bringt. In diesem Kapitel werden wir uns eingehender mit diesen Aspekten befassen und Möglichkeiten aufzeigen, wie wir sie erfolgreich bewältigen können.

Verständnis

Eine der Hauptherausforderungen bei der Nutzung von ChatGPT besteht darin, dass das Modell den Kontext und die Absicht der Nutzeranfrage möglicherweise nicht immer vollständig versteht. Es kann vorkommen, dass ChatGPT auf bestimmte Fragen oder Anweisungen nicht angemessen reagiert oder unklare oder missverständliche Antworten liefert.

Um dieses Problem anzugehen, ist es wichtig, präzise und klare Prompts zu verwenden. Stelle sicher, dass deine Fragen und Anweisungen so formuliert sind, dass sie eindeutig sind und den Kontext deutlich machen. Es kann auch hilfreich sein, relevante

Hintergrundinformationen oder Beispiele bereitzustellen, um das Verständnis von ChatGPT zu verbessern.

Vorurteile und Verzerrungen

Ein weiteres Thema, das bei der Verwendung von KI-Modellen wie ChatGPT auftreten kann, sind Vorurteile und Verzerrungen in den generierten Antworten. KI-Modelle werden auf der Grundlage großer Datenmengen trainiert, die möglicherweise bestimmte Vorurteile oder Stereotypen enthalten. Dadurch können Antworten entstehen, die unbewusst diskriminierend oder voreingenommen sind.

Um diesem Problem zu begegnen, ist es wichtig, ein bewusstes Bewusstsein für Vorurteile zu entwickeln und aktiv daran zu arbeiten, sie zu reduzieren. Dies kann durch eine sorgfältige Auswahl und Vorverarbeitung der Trainingsdaten erreicht werden, um sicherzustellen, dass sie vielfältig und repräsentativ sind. Zudem sollten regelmäßige Überprüfungen und Kontrollen der generierten Antworten durchgeführt werden, um potenzielle Vorurteile zu erkennen und zu korrigieren.

Vertrauenswürdigkeit und Fehlinformationen

Mit der Leistungsfähigkeit von ChatGPT besteht auch die Gefahr der Verbreitung von Fehlinformationen oder irreführenden Inhalten. Da ChatGPT darauf ausgelegt ist, menschenähnliche Texte zu generieren, kann es schwierig sein, zwischen korrekten Informationen und Fehlinformationen zu unterscheiden.

Schlusswort

Herzlichen Glückwunsch, liebe Leserinnen und Leser zum Abschluss unseres Buches "Chat GPT Prompts für Einsteiger".
Wir haben gemeinsam eine spannende Reise in die faszinierende Welt der KI unternommen und wertvolles Wissen über seine Funktionsweise, kreative Anwendungen und die Möglichkeiten, die es bietet, erlangt.

Als ich selbst vor einiger Zeit von ChatGPT erfahren habe, war ich fasziniert und neugierig. Es war als hätte ich plötzlich einen digitalen Personal Assistant, der mein kreatives Potenzial entfesseln und meine Recherche- und Schreibprozesse verbessern konnte. Wie viele von Ihnen hatte ich bis dahin noch nie von ChatGPT gehört, aber nun eröffnete sich eine Welt voller Möglichkeiten.

Unser Ziel mit diesem Buch war es, Einsteigern wie Ihnen einen umfassenden Einblick in die Verwendung von ChatGPT zu geben und Ihnen wertvolle Strategien und Tipps für die Erstellung effektiver Prompts mit auf den Weg zu geben. Wir haben gelernt, wie wir das Beste aus dieser beeindruckenden Technologie herausholen können, sei es in kreativen Schreibübungen, bei der Erstellung informativer Texte oder in Marketing und anderen Bereichen.

Und nun, um Ihnen den weiteren Weg zu erleichtern, haben wir ein Verzeichnis mit über Prompts und Promptideen erstellt, die Sie als Inspirationsquelle nutzen können. Lassen Sie Ihrer Kreativität freien Lauf und setzen Sie Ihre Ideen in die Tat um.

Abschließend möchte ich Ihnen danken, dass Sie sich die Zeit genommen haben, dieses Buch zu lesen. Ich hoffe, dass es Ihnen Spaß gemacht hat und einen leichten Einstieg in das Thema geboten und Ihnen dabei geholfen hat, Ihr Verständnis über die KI zu vertiefen und Ihnen die Werkzeuge an die Hand gegeben hat, um die Vielseitigkeit dieser Technologie zu nutzen. Mögen Sie auf Ihren kreativen und informativen Reisen stets von ChatGPT begleitet werden!

Herzliche Grüße und viel Erfolg,

ihr Dennis Schwittek

Promptverzeichnis

Kreatives Schreiben:

1. Krimi und Spannung:

• Schreiben Sie eine Geschichte über einen Detektiv, der einen rätselhaften Mordfall aufklären muss.

• Beschreiben Sie einen heimlichen Informanten, der wichtige Informationen über eine geheime Verschwörung hat.

• Entwickeln Sie eine Geschichte über einen unschuldigen Menschen, der fälschlicherweise des Verbrechens beschuldigt wird.

• Erzählen Sie von einem Katz-und-Maus-Spiel zwischen einem Dieb und einem hartnäckigen Ermittler.

• Beschreiben Sie einen geheimnisvollen Brief, der eine Kette von unerklärlichen Ereignissen auslöst.

2. Fantasy und Science Fiction:

• Beschreiben Sie eine futuristische Stadt, in der Menschen und Roboter harmonisch zusammenleben.

• Entwickeln Sie eine Geschichte über eine außerirdische Begegnung, die das Schicksal der Menschheit verändert.

• Erzählen Sie von einem Wissenschaftler, der eine Zeitmaschine erfunden hat und in die Vergangenheit reist.

• Schreiben Sie über eine postapokalyptische Welt, in der die Natur die Oberhand gewonnen hat.

- Entwerfen Sie eine futuristische Technologie, die die Kommunikation zwischen Menschen und Tieren ermöglicht.

- Entwerfen Sie eine Welt voller Magie, in der unterschiedliche magische Wesen koexistieren.

- Schreiben Sie eine Geschichte über einen verlorenen Schatz, der von einer magischen Kreatur bewacht wird.

- Erzählen Sie von einem jungen Zauberlehrling, der gegen dunkle Mächte kämpft, um die Welt zu retten.

- Beschreiben Sie eine Prophezeiung, die das Schicksal eines ganzen Königreichs bestimmt.

- Entwickeln Sie eine Geschichte über ein verzaubertes Artefakt, das demjenigen, der es besitzt, übernatürliche Kräfte verleiht.

4. Umwelt und Nachhaltigkeit:

- Schreiben Sie eine Geschichte über einen Umweltaktivisten, der gegen Umweltverschmutzung kämpft.

- Erzählen Sie von einer Zukunft, in der erneuerbare Energien die dominierende Energiequelle sind.

- Entwickeln Sie eine Strategie zur Verringerung des ökologischen Fußabdrucks im Alltag.

- Beschreiben Sie eine innovative Technologie, die den Klimawandel bekämpft und die Umwelt schützt.

- Schreiben Sie über die Bedeutung des Naturschutzes und des Erhalts der Artenvielfalt.

5. **Sport und Fitness:**

• Erzählen Sie die Geschichte eines Underdogs, der gegen alle Erwartungen einen großen sportlichen Erfolg erzielt.

• Beschreiben Sie eine neue und aufregende Sportart, die in der Zukunft beliebt wird.

• Entwickeln Sie einen Trainingsplan für die Verbesserung der körperlichen Fitness und Ausdauer.

• Schreiben Sie über die Vorteile von Sport und körperlicher Aktivität für die allgemeine Gesundheit.

• Erzählen Sie von einer inspirierenden Sportlerin oder einem Sportler, der Hindernisse überwindet, um seine Träume zu verwirklichen.

6. Romantik:

• Schreiben Sie eine Liebesgeschichte, die in einem malerischen Fischerdorf spielt.

• Beschreiben Sie eine unerwartete Begegnung zwischen zwei Menschen, die ihr Leben für immer verändert.

• Erzählen Sie von einer langjährigen Freundschaft, die sich plötzlich in Liebe verwandelt.

• Entwickeln Sie eine Geschichte über eine verbotene Romanze zwischen zwei Personen aus verfeindeten Familien.

• Schreiben Sie über eine zweite Chance für die Liebe, wenn sich zwei ehemalige Geliebte wiederbegegnen.

3. **Reisen und Abenteuer:**

• Erzählen Sie von einer abenteuerlichen Reise durch den Dschungel, auf der unerwartete Gefahren lauern.

• Beschreiben Sie eine Entdeckungsreise in eine verlorene Stadt oder eine vergessene Zivilisation.

• Schreiben Sie über ein Soloabenteuer, bei dem der Protagonist seine Grenzen überwindet und sich selbst findet.

• Entwickeln Sie eine Geschichte über einen Roadtrip, bei dem die Hauptfiguren unerwartete Freundschaften schließen.

• Erzählen Sie von einer abenteuerlichen Seereise, bei der Piraten und geheimnisvolle Inseln eine Rolle spielen.

4. **Geschichte und Kultur:**

• Schreiben Sie über ein historisches Ereignis aus einer alternativen Perspektive.

• Beschreiben Sie das Leben einer bedeutenden historischen Persönlichkeit und ihre Auswirkungen auf die Gesellschaft.

• Erzählen Sie von einer fiktiven Begegnung zwischen zwei berühmten Künstlern oder Schriftstellern.

• Entwickeln Sie eine Geschichte über eine geheime Gesellschaft, die historische Geheimnisse hütet.

• Schreiben Sie über die Traditionen und Bräuche eines fiktiven Kulturvolkes.

5. **Humor und Komödie:**

• Erzählen Sie eine lustige Geschichte über einen chaotischen Familienausflug.

• Beschreiben Sie eine komische Situation, in der jemand versucht, ein peinliches Missgeschick zu vertuschen.

• Entwickeln Sie eine Geschichte über einen schrulligen Erfinder, der ungewöhnliche Geräte erschafft.

• Schreiben Sie über eine Verwechslungskomödie, in der die Hauptfiguren in absurde Situationen geraten.

• Erzählen Sie von einer Reihe lustiger Missverständnisse zwischen zwei Charakteren.

Bereich Marketing:

Entwickeln Sie eine überzeugende Werbekampagne für ein neues Produkt, das auf Emotionen und persönlichen Erfahrungen basiert.

Beschreiben Sie eine kreative Strategie, um die Sichtbarkeit einer Marke in den sozialen Medien zu steigern und eine engagierte Community aufzubauen.

Entwerfen Sie eine innovative Guerilla-Marketing-Aktion, die die Aufmerksamkeit der Zielgruppe auf sich zieht und viral wird.

Schreiben Sie einen überzeugenden Verkaufstext für eine Produktbeschreibung, der die Vorteile des Produkts betont und zum Kauf motiviert.

Entwickeln Sie eine personalisierte E-Mail-Marketing-Kampagne, die die Interessen und Bedürfnisse der Empfänger anspricht und zu einer hohen Conversion-Rate führt.

Beschreiben Sie eine Influencer-Marketing-Strategie, um eine bestimmte Zielgruppe anzusprechen und das Markenimage zu stärken.

Entwerfen Sie eine effektive Suchmaschinenoptimierungsstrategie, um die organische Sichtbarkeit einer Website zu verbessern und den Traffic zu steigern.

Schreiben Sie einen Social-Media-Post, der viral geht und hohe Interaktionen sowie Markenbekanntheit generiert.

Entwickeln Sie eine Content-Marketing-Strategie, die hochwertige Inhalte erstellt, die Mehrwert für die Zielgruppe bieten und das Vertrauen in die Marke aufbauen.

Beschreiben Sie eine gezielte Segmentierung und Personalisierungsstrategie für eine E-Commerce-Website, um individuelle Kundenerlebnisse zu schaffen und die Kundenzufriedenheit zu steigern.

Entwickeln Sie eine kreative Social-Media-Wettbewerbskampagne, um die Reichweite der Marke zu steigern und Benutzerinteraktionen zu fördern.

Beschreiben Sie eine Influencer-Kooperationsstrategie, um Ihre Zielgruppe zu erreichen und die Glaubwürdigkeit Ihrer Marke zu stärken.

Entwerfen Sie eine Markenpartnerschaftsstrategie, um mit einer anderen Marke zusammenzuarbeiten und Ihre Reichweite zu vergrößern.

Entwickeln Sie eine Online-Werbestrategie, um gezieltes Retargeting und personalisierte Anzeigen zu nutzen und die Conversion-Rate zu steigern.

Beschreiben Sie eine Storytelling-Kampagne, die die Markenwerte und die Identität Ihrer Marke auf authentische und fesselnde Weise kommuniziert.

Entwerfen Sie eine Krisenkommunikationsstrategie, um im Falle einer negativen Situation die Reputation Ihrer Marke zu schützen und das Vertrauen der Kunden wiederherzustellen.

Entwickeln Sie eine Geo-Targeting-Strategie, um Ihre Botschaft an bestimmte geografische Standorte anzupassen und lokalisierte Kunden anzusprechen.

Beschreiben Sie eine Cross-Promotion-Strategie, um mit anderen Unternehmen zusammenzuarbeiten und von deren Kundenbasis zu profitieren."Entwerfen Sie eine Lead-Generierungskampagne, um hochwertige Leads zu gewinnen und potenzielle Kunden in zahlende Kunden umzuwandeln.

Beschreiben Sie eine Content-Curation-Strategie, um relevante und interessante Inhalte aus anderen Quellen zu teilen und das Engagement Ihrer Zielgruppe zu steigern.

Entwickeln Sie eine Video-Marketingstrategie, um ansprechende und informative Videos zu erstellen und sie über verschiedene Plattformen zu verbreiten.

Beschreiben Sie eine Customer-Loyalty-Programm-Strategie, um bestehende Kunden zu binden und sie zu wiederholten Käufen und positiven Bewertungen zu motivieren.

Entwerfen Sie eine Local-SEO-Strategie, um die Sichtbarkeit Ihrer Marke in lokalen Suchergebnissen zu verbessern und potenzielle Kunden anzuziehen.

Beschreiben Sie eine Content-Amplification-Strategie, um Ihre besten Inhalte zu fördern und sie vor einer größeren Zielgruppe zu verbreiten.

Entwickeln Sie eine Mobile-Marketingstrategie, um mobile Apps, SMS-Marketing und gezielte mobile Anzeigen für die Kundengewinnung einzusetzen.

Beschreiben Sie eine Partnerschaft mit Mikro-Influencern, um Nischen-Communities anzusprechen und das Vertrauen in Ihre Marke zu stärken.

Entwerfen Sie eine Customer-Review-Management-Strategie, um positive Bewertungen zu gewinnen, das Online-Reputationsmanagement zu verbessern und das Vertrauen potenzieller Kunden zu gewinnen.

Beschreiben Sie eine Gamification-Strategie, um spielerische Elemente in Ihre Marketingkampagnen einzubauen und das Engagement der Zielgruppe zu steigern.

Entwickeln Sie eine Retention-Marketingstrategie, um bestehende Kunden langfristig zu binden und sie zu Markenbotschaftern zu machen.

Beschreiben Sie eine personalisierte Empfehlungsstrategie, um bestehende Kunden dazu zu ermutigen, Ihre Produkte oder Dienstleistungen an ihre Kontakte weiterzuempfehlen.

Diese Prompts können Ihnen helfen, Ideen für verschiedene Marketingstrategien zu entwickeln und Ihr Marketing auf ein neues Level zu bringen.

Bereich Finanzen:

Erstellen Sie einen Finanzplan für den Aufbau eines Notfallfonds und die langfristige finanzielle Sicherheit.

Beschreiben Sie die wichtigsten Schritte zur Erstellung eines Budgets und zur effektiven Verwaltung Ihrer persönlichen Finanzen.

Entwickeln Sie eine Anlagestrategie, die Ihre finanziellen Ziele und Ihre Risikobereitschaft berücksichtigt.

Beschreiben Sie die Vorteile und Herausforderungen verschiedener Anlageinstrumente wie Aktien, Anleihen, Investmentfonds und Immobilien.

Erklären Sie, wie Sie Ihre Kreditwürdigkeit verbessern können und warum eine gute Kreditwürdigkeit wichtig ist.

Entwickeln Sie eine Strategie zur Schuldenrückzahlung und zur Vermeidung von Schuldenfallen.

Beschreiben Sie die grundlegenden Konzepte des Steuersystems und wie Sie Ihre Steuererklärung effizient ausfüllen können.

Erstellen Sie einen Finanzplan für den Ruhestand, der Ihre finanzielle Sicherheit im Alter gewährleistet.

Beschreiben Sie die Unterschiede zwischen traditionellen Banken und Online-Banken und welche Vor- und Nachteile sie bieten.

Entwickeln Sie eine Strategie zur Minimierung von Ausgaben und zur Maximierung Ihres Sparpotenzials.

Erklären Sie, wie Sie Ihre finanzielle Unabhängigkeit erreichen können und was dies für Sie persönlich bedeutet.

Beschreiben Sie die wichtigsten Aspekte beim Kauf einer Immobilie, einschließlich Finanzierungsoptionen und rechtlicher Überlegungen.

Entwickeln Sie eine Strategie zur Diversifizierung Ihrer Einkommensquellen, um finanzielle Stabilität zu erreichen.

Erklären Sie, wie Sie Ihre finanziellen Ziele setzen und einen klaren Plan für ihre Umsetzung entwickeln können.

Beschreiben Sie die wichtigsten Versicherungsarten und wie Sie die richtige Versicherungsdeckung für Ihre Bedürfnisse auswählen können.

Entwickeln Sie eine Strategie zur Planung von großen Ausgaben, wie zum Beispiel für den Kauf eines Autos oder die Finanzierung einer Hochzeit.

Erklären Sie, wie Sie Ihre Ausgaben analysieren und potenzielle Einsparungen identifizieren können.

Beschreiben Sie die grundlegenden Konzepte des Risikomanagements und wie Sie finanzielle Risiken minimieren können.

Entwickeln Sie eine Strategie zur effektiven Verhandlung von Gehaltserhöhungen oder Vertragsbedingungen.

Erklären Sie, wie Sie Ihre finanzielle Bildung verbessern können und welche Ressourcen Ihnen dabei helfen können.

Beschreiben Sie die wichtigsten Faktoren bei der Auswahl eines Finanzberaters und wie Sie sicherstellen können, dass er Ihren Bedürfnissen entspricht.

Entwickeln Sie eine Strategie zur Planung von großen Lebensereignissen wie der Geburt eines Kindes oder dem Kauf eines Hauses.

Erklären Sie, wie Sie Ihre Ausgaben im Rahmen einer schmalen finanziellen Situation priorisieren können.

Beschreiben Sie die grundlegenden Konzepte des Compoundings und wie Sie es nutzen können, um langfristig Ihr Vermögen aufzubauen.

Entwickeln Sie eine Strategie zur effektiven Verwaltung Ihrer persönlichen Steuern und zur Nutzung von Steuervorteilen.

Erklären Sie, wie Sie ein realistisches finanzielles Ziel setzen und einen Plan zur Erreichung dieses Ziels entwickeln können.

Beschreiben Sie die grundlegenden Konzepte der Altersvorsorge und wie Sie frühzeitig damit beginnen können.

Entwickeln Sie eine Strategie zur Absicherung Ihrer finanziellen Zukunft durch den Aufbau eines Notfallfonds.

Erklären Sie, wie Sie Ihre Kreditkarten optimal nutzen und Schulden vermeiden können.

Beschreiben Sie die grundlegenden Prinzipien des Value-Investing und wie Sie diese beim Kauf von Aktien anwenden können.

Diese Prompts können Ihnen helfen, Ideen für verschiedene Finanzthemen zu generieren und Ihr finanzielles Wissen und Ihre Fähigkeiten zu erweitern.

Bereich Ernährung:

Beschreiben Sie die Grundlagen einer ausgewogenen Ernährung und wie sie zu einem gesunden Lebensstil beiträgt.

Entwickeln Sie einen Speiseplan für eine Woche, der sowohl nahrhaft als auch abwechslungsreich ist.

Erklären Sie die Bedeutung einer ausreichenden Flüssigkeitszufuhr und wie Sie diese in Ihren Alltag integrieren können.

Beschreiben Sie die wichtigsten Nährstoffe, ihre Funktionen im Körper und in welchen Lebensmitteln sie zu finden sind.

Entwickeln Sie eine Strategie zur gesunden Gewichtsabnahme und zur langfristigen Gewichtskontrolle.

Erklären Sie, wie man eine gesunde Mahlzeit zusammenstellt, die alle wichtigen Nährstoffe enthält.

Beschreiben Sie die Vor- und Nachteile verschiedener Ernährungsformen wie vegetarisch, vegan, paleo usw.

Entwickeln Sie einen Ernährungsplan für Sportler, der die optimale Energiezufuhr und Nährstoffversorgung gewährleistet.

Erklären Sie, wie man gesunde Snacks zubereitet, die den Heißhunger stillen und Energie liefern.

Beschreiben Sie die Auswirkungen von Zucker auf die Gesundheit und geben Sie Tipps zur Reduzierung des Zuckerkonsums.

Entwickeln Sie eine Strategie zur gesunden Essensplanung für Familien und Kinder.

Erklären Sie, wie man eine gesunde Ernährung in den stressigen Alltag integriert und Zeit für das Kochen findet.

Beschreiben Sie die Bedeutung von Ballaststoffen in der Ernährung und geben Sie Beispiele für ballaststoffreiche Lebensmittel.

Entwickeln Sie einen Ernährungsplan für Menschen mit speziellen Ernährungsbedürfnissen wie Diabetes, Glutenunverträglichkeit oder lactoseintoleranz.

Erklären Sie, wie man gesunde Essgewohnheiten bei Kindern entwickelt und eine positive Beziehung zu Lebensmitteln aufbaut.

Beschreiben Sie die Vor- und Nachteile von Bio-Lebensmitteln und geben Sie Tipps zur Auswahl von qualitativ hochwertigen Lebensmitteln.

Entwickeln Sie einen Ernährungsplan für die Förderung der Herzgesundheit und die Senkung des Cholesterinspiegels.

Erklären Sie, wie man eine gesunde Ernährung auf Reisen aufrechterhält und unterwegs gute Essgewohnheiten beibehält.

Beschreiben Sie die Bedeutung einer ausreichenden Vitamin- und Mineralstoffzufuhr und geben Sie Beispiele für vitaminreiche Lebensmittel.

Entwickeln Sie einen Ernährungsplan für die Unterstützung des Immunsystems und die Stärkung der Abwehrkräfte.

Erklären Sie, wie man gesunde Smoothies und Säfte zubereitet, die eine Fülle von Nährstoffen enthalten.

Beschreiben Sie die Auswirkungen von Transfetten auf die Gesundheit und geben Sie Tipps zur Reduzierung des Transfettgehalts in der Ernährung.

Entwickeln Sie einen Ernährungsplan für die Förderung einer gesunden Verdauung und die Vorbeugung von Verdauungsproblemen.

Erklären Sie, wie man eine gesunde Ernährung während der Schwangerschaft aufrechterhält und den erhöhten Nährstoffbedarf deckt.

Beschreiben Sie die Bedeutung von Omega-3-Fettsäuren für die Gehirnfunktion und geben Sie Beispiele für omega-3-reiche Lebensmittel.

Entwickeln Sie einen Ernährungsplan für die Förderung gesunder Haut und Haare sowie für ein strahlendes Aussehen.

Erklären Sie, wie man gesunde Essgewohnheiten bei der Arbeit pflegt und den Verlockungen von Snacks und Fast Food widersteht.

Beschreiben Sie die Auswirkungen von Salz auf die Gesundheit und geben Sie Tipps zur Reduzierung des Salzkonsums.

Entwickeln Sie einen Ernährungsplan für die Förderung der Knochengesundheit und die Vorbeugung von Osteoporose.

Erklären Sie, wie man eine gesunde Ernährung für ältere Menschen gestaltet und den spezifischen Nährstoffbedarf berücksichtigt.

Diese Prompts bieten Ihnen eine Vielzahl von Ideen und Ansätzen für den Bereich Ernährung. Sie können sie nutzen, um über verschiedene Aspekte der Ernährung zu schreiben, Tipps und Ratschläge zu geben oder informative Artikel zu verfassen.

Bereich Persönliche Entwicklung:

Beschreiben Sie die Bedeutung von Selbstreflexion und wie sie zur persönlichen Entwicklung beiträgt.

Entwickeln Sie einen Plan zur Identifizierung und Verfolgung Ihrer persönlichen Ziele.

Erklären Sie, wie man eine positive Denkweise entwickelt und negative Gedankenmuster durch positive ersetzt.

Beschreiben Sie die Vorteile von regelmäßiger körperlicher Aktivität für die persönliche Entwicklung und das Wohlbefinden.

Entwickeln Sie eine Strategie zur Stressbewältigung und zur Förderung der mentalen Gesundheit.

Erklären Sie, wie man seine Zeit effektiv plant und Prioritäten setzt, um produktiver zu sein.

Beschreiben Sie die Bedeutung von Selbstfürsorge und wie man sie in den Alltag integriert.

Entwickeln Sie einen Plan zur Weiterentwicklung Ihrer Fähigkeiten und Talente.

Erklären Sie, wie man effektive Kommunikationsfähigkeiten entwickelt und seine zwischenmenschlichen Beziehungen stärkt.

Beschreiben Sie die Auswirkungen von positiven Gewohnheiten auf die persönliche Entwicklung und geben Sie Beispiele für solche Gewohnheiten.

Entwickeln Sie einen Plan zur Steigerung Ihres Selbstvertrauens und Selbstwertgefühls.

Erklären Sie, wie man eine gesunde Work-Life-Balance erreicht und berufliche Ziele mit persönlichen Bedürfnissen in Einklang bringt.

Beschreiben Sie die Vorteile von Achtsamkeitspraktiken wie Meditation und Yoga für die persönliche Entwicklung.

Entwickeln Sie eine Strategie zur Selbstmotivation und Überwindung von Hindernissen auf dem Weg zum Erfolg.

Erklären Sie, wie man seine kreativen Fähigkeiten entwickelt und den eigenen Ausdruck findet.

Beschreiben Sie die Bedeutung von Bildung und lebenslangem Lernen für die persönliche Entwicklung.

Entwickeln Sie einen Plan zur Verbesserung Ihrer Zeitmanagement-Fähigkeiten und zur effizienteren Nutzung Ihrer Ressourcen.

Erklären Sie, wie man positive Beziehungen aufbaut und pflegt, die das eigene Wachstum unterstützen.

Beschreiben Sie die Auswirkungen von digitaler Entgiftung und der Begrenzung der Bildschirmzeit auf die persönliche Entwicklung.

Entwickeln Sie eine Strategie zur Förderung Ihrer kreativen Denkweise und zur Entfaltung Ihrer kreativen Potenziale.

Erklären Sie, wie man seine Emotionale Intelligenz stärkt und in zwischenmenschlichen Beziehungen besser agiert.

Beschreiben Sie die Bedeutung von Zielen und Visionen für die persönliche Entwicklung und geben Sie Tipps zur Formulierung von klaren Zielen.

Entwickeln Sie einen Plan zur Verbesserung Ihrer Konzentrationsfähigkeit und zur Reduzierung von Ablenkungen.

Erklären Sie, wie man eine positive Arbeitsumgebung schafft und das eigene berufliche Wachstum fördert.

Beschreiben Sie die Vorteile von Networking und wie man effektiv berufliche Kontakte knüpft und pflegt.

Entwickeln Sie eine Strategie zur Entwicklung Ihrer Führungsqualitäten und zur Stärkung Ihrer Präsenz.

Erklären Sie, wie man seine finanzielle Intelligenz verbessert und langfristige finanzielle Ziele erreicht.

Beschreiben Sie die Bedeutung von Resilienz und wie man sie in herausfordernden Zeiten aufbaut.

Entwickeln Sie einen Plan zur Verbesserung Ihrer Präsentations- und öffentlichen Redefähigkeiten.

Erklären Sie, wie man eine gesunde Balance zwischen Arbeit, Familie und persönlichem Wachstum findet.

Bereich Gesundheit:

Beschreiben Sie Ihre persönliche Definition von Gesundheit und wie sie sich im Laufe der Zeit verändert hat.

Entwickeln Sie einen Plan zur Verbesserung Ihrer körperlichen Fitness und Ausdauer.

Erklären Sie die Bedeutung einer ausgewogenen Ernährung und wie man gesunde Essgewohnheiten entwickelt.

Beschreiben Sie die Vorteile von regelmäßiger körperlicher Aktivität für die körperliche und mentale Gesundheit.

Entwickeln Sie eine Strategie zur Stressbewältigung und Förderung des emotionalen Wohlbefindens.

Erklären Sie, wie man einen gesunden Schlaf-Wach-Rhythmus entwickelt und ausreichend erholsamen Schlaf bekommt.

Beschreiben Sie die Bedeutung von Prävention und regelmäßigen Gesundheitsuntersuchungen zur Aufrechterhaltung eines gesunden Lebensstils.

Entwickeln Sie einen Plan zur Förderung Ihrer geistigen Gesundheit und zur Stressreduktion.

Erklären Sie, wie man gesunde Gewohnheiten in den Alltag integriert und langfristig beibehält.

Beschreiben Sie die Auswirkungen von Rauchen, Alkohol und Drogenkonsum auf die Gesundheit und wie man mit Sucht umgeht.

Entwickeln Sie eine Strategie zur Gewichtsreduktion oder Gewichtskontrolle auf gesunde Weise.

Erklären Sie, wie man seine Immunität stärkt und das Immunsystem unterstützt.

Beschreiben Sie die Bedeutung von regelmäßiger Bewegung und Aktivität für die allgemeine Gesundheit.

Entwickeln Sie einen Plan zur Förderung Ihrer geistigen Fitness und zur Erhaltung einer scharfen Denkfähigkeit.

Erklären Sie, wie man gesunde Beziehungen zu Essen und Körperbild entwickelt.

Beschreiben Sie die Vorteile von Entspannungstechniken wie Meditation, Yoga oder Atemübungen für die Gesundheit.

Entwickeln Sie eine Strategie zur Verbesserung Ihrer körperlichen Flexibilität und Mobilität.

Erklären Sie, wie man gesunde Gewohnheiten am Arbeitsplatz fördert und Ergonomieprinzipien anwendet.

Beschreiben Sie die Bedeutung von Hygiene und Maßnahmen zur Vorbeugung von Infektionen und Krankheiten.

Entwickeln Sie einen Plan zur Verbesserung Ihrer Herz-Kreislauf-Gesundheit und zur Vorbeugung von Herzkrankheiten.

Erklären Sie, wie man gesunde Beziehungen pflegt und Konflikte konstruktiv löst.

Beschreiben Sie die Vorteile von regelmäßigem Entspannen und Auszeiten für die Gesundheit.

Entwickeln Sie eine Strategie zur Reduzierung von Stress durch Zeitmanagement und Prioritäten setzen.

Erklären Sie, wie man gesunde Gewohnheiten für eine gute Verdauung und eine gesunde Darmflora entwickelt.

Beschreiben Sie die Bedeutung von regelmäßiger Augen- und Ohrenpflege für die Gesundheit der Sinnesorgane.

Entwickeln Sie einen Plan zur Förderung Ihrer muskulären Stärke und Ausdauer.

Erklären Sie, wie man gesunde Gewohnheiten für eine gute Hautpflege und Schutz vor schädlichen Umwelteinflüssen entwickelt.

Beschreiben Sie die Vorteile von regelmäßigem Lachen und Humor für die Gesundheit und das Wohlbefinden.

Entwickeln Sie eine Strategie zur Förderung Ihrer emotionalen Gesundheit und zur Bewältigung von Stress und negativen Emotionen.

Printed in France by Amazon
Brétigny-sur-Orge, FR

13521094R00047